à la table de Serge Bruyère

RESTAURANT SERGE BRUYÈRE This restaurant, hands down, is the first table in Quebec City at the moment. The house seats less than 50, spaciously, in Old City surroundings. Cuisine is purist with nouvelle overtones, prepared "à la minute" with sterling products by an enthusiastic young Frenchman with a professional background. Reserve well ahead. The restaurant merits a small pilgrimage. Dinner for two with wine, $65. Closed Sun. Upstairs in the Drug Store Livernois Complex, 1200 rue St-Jean (Quebec City). AmEx, MC, VS. (418) 694-0618.

Éditeurs:
LES ÉDITIONS LA PRESSE, LTÉE
7, rue Saint-Jacques
Montréal H2Y 1K9

Photographies, couverture et intérieur:
EUGÈNE KEDL

Conception graphique:
JEAN PROVENCHER

Tous droits réservés:
LES ÉDITIONS LA PRESSE, LTÉE
©Copyright, Ottawa, 1984

1ère réimpression en avril 1984

Dépôt légal:
BIBLIOTHÈQUE NATIONALE DU QUÉBEC
2ᵉ trimestre 1984

ISBN 2-89043-123-1

à la table de Serge Bruyère

la presse

« En cuisine comme dans tous les arts,
la simplicité est le signe de la
perfection. »

S.B.

Sommaire

Préface

Si l'on en croit les centres de recherches et les autorités
médicales, il faut combattre la gourmandise à tout prix.
Selon ces prophètes de mauvais augure, c'est le plus
dangereux des péchés capitaux. Moi, dans ma candeur
naïve, j'avais toujours cru que c'était la luxure. Chose
amusante, un bon nombre de médecins et de recherchistes
que j'ai l'honneur de connaître sont plutôt grassouillets.

Afin d'endiguer la crainte que nous avons tous de
dépasser notre poids normal, nous avons donc fini par
engendrer les cures d'amaigrissement, les exercices
physiques, la course ou la marche à pied, les clubs de
gymnastique, le jeûne et... les massages, à condition
qu'ils soient donnés par une personne du sexe opposé.
Dura lex, sed lex!

En France, où la bonne chère a toujours été la principale
raison de vivre, tous ces moyens artificiels de maigrir
n'avaient vraiment, c'est le cas de le dire, qu'un maigre
succès. On inventa donc une méthode infiniment plus
agréable: *la nouvelle cuisine.*

Ici, il est impérieux de définir clairement cette appellation.
Somme toute, c'est l'art d'apprêter et de présenter les mets,
de façon à les rendre plus appétissants et plus conformes
aux exigences de nos estomacs modernes.

Malheureusement, le sort à voulu que certains cuisiniers
et cuisinières se laissent gagner par l'attrait de la nouveauté,
au point de créer des plats qui sont aux antipodes de la
cuisine classique.

Pour ne citer qu'un exemple, avec tout le respect que j'ai
pour les kiwis, les ananas et les mangues, les pêches et les
abricots, les citrons, les oranges et les pamplemousses,
les mandarines et les clémentines, les marrons, les dattes et

les figues, les raisins et les noix de toutes sortes, je partage l'opinion de Paul Bocuse qui refuse carrément aux fruits de prendre *la vedette* ailleurs qu'au dessert.

Même si nous sommes à l'ère de la guitare électrique et du tam-tam charivarique, *la nouvelle cuisine* ne doit pas devenir une cuisine polynésienne, exotique ou cosmopolite: elle doit rester le plus pur reflet de la cuisine française.

C'est là où les recettes de *À la table de Serge Bruyère* sont un atout formidable et un enseignement précieux. En quelques années, l'auteur a fait de son restaurant l'une des meilleures tables de toute l'Amérique. En plus de susciter l'émerveillement chez tous les gastronomes québécois, sa cuisine est telle qu'aucun visiteur étranger ne pourra se vanter de connaître la ville de Québec, s'il n'a pas profité de son séjour dans la Vieille Capitale pour s'attabler chez Serge Bruyère.

Au nom de tous ses admirateurs, je lui souhaite donc d'avoir, avec son livre, autant de succès qu'il en a avec sa table!

Gérard Delage

Fonds

La réussite d'une sauce dans la cuisine contemporaine est, avant tout, due aux fonds de base; qu'ils soient fond blanc de volaille, fond de veau, demi-glace tomatée, glace de viande, fond de gibier et même fumet de poisson. C'est pourquoi j'ai voulu commencer par ceux-ci dans ce livre. Je n'entrerai pas dans des recettes compliquées, mais plutôt essayer de vous faciliter la tâche...

Faites-en en grande quantité et congelez-les dans de petits récipients qui possèdent un couvercle. Et puis, évidemment, si vous trouvez que c'est trop compliqué, il existe, dans le commerce, des poudres de fonds et des courts-bouillons de poisson qui peuvent être améliorés avec différents condiments.

Fond de veau

1 kg	(2 lb 3 oz) d'os de veau
150 g	(5 oz) de carottes
50 g	(2 oz) d'oignons
1	gousse d'ail
1	bouquet garni
	eau

Faire casser grossièrement les os par le boucher. Préchauffer le four à 230°C (450°F).
Mettre les os dans une sauteuse et leur faire prendre couleur brune pendant une demi-heure au four.

Les retirer et ajouter les carottes et les oignons coupés en rondelles et le bouquet garni. Remplir d'eau largement. Mettre sur le feu et porter à ébullition. Enlever la mousse qui se forme à la surface du bouillon.

Laisser cuire pendant 2 à 4 heures, en prenant soin de remettre de l'eau, de temps en temps, pour que les os restent toujours couverts, et en surveillant pour que le bouillon mijote doucement.

Filtrer le bouillon dans une passoire; il doit rester 1,5 L (6 tasses) de fond.

Fond de volaille

1,5 kg	(3 lb 3 oz) de carcasses, cous et pattes de volaille
1	carotte
1	oignon
1	blanc de poireau
½	branche de céleri
2	gousses d'ail
1	clou de girofle
	sel et poivre
2,5 L	(10 tasses) d'eau

Mettre les os de volaille dans une grande casserole, couvrir d'eau froide, amener à ébullition et écumer (c'est-à-dire enlever la mousse qui se forme à la surface).

Après cette opération, ajouter la garniture de légumes et de condiments et laisser bouillir pendant une heure. Retirer à l'aide d'une louche la graisse qui remonte en surface. Filtrer le fond à travers une passoire.

Si vous désirez un fond plus corsé, le laisser réduire plus longtemps.

Note : pour enlever plus facilement la graisse, vous pouvez mettre ce fond une fois filtré au réfrigérateur. Lorsqu'il sera complètement refroidi, la graisse aura durci et il vous sera alors plus facile de l'enlever.

Fumet de poisson

1 kg	(2 lb 3 oz) d'arêtes et de têtes de poissons
15 mL	(1 c. à soupe) de beurre
1	oignon moyen
4 ou 5	champignons
1	feuille de laurier
	queues de persil
½	branche de céleri
	eau

Laver à grande eau les arêtes et les têtes de poissons. Dans une grande casserole, faire colorer le poisson avec les oignons et les champignons dans le beurre, à feu moyen, pendant une dizaine de minutes. Couvrir d'eau froide, ajouter les queues de persil, la feuille de laurier et la ½ branche de céleri.

Porter à ébullition et enlever l'écume qui se forme à la surface.

Laisser cuire 30 à 40 minutes. Filtrer à travers une étamine. Réserver pour vos futures recettes.

Sauces

Beurre blanc

C'est vrai, il existe plusieurs manières de le faire, mais je vous donne la mienne. Je l'emploie depuis plusieurs années et je n'ai jamais eu aucun problème!

350 mL (1⅓ tasse) de vin blanc
100 mL (⅓ tasse) de fumet
  ½ L (2 tasses) de crème 35%
        sel et poivre
 30 mL (2 c. à soupe) d'échalotes françaises
        quelques gouttes de jus de citron

Dans une casserole faire réduire le vin blanc et le fumet avec les échalotes jusqu'à la consistance d'un sirop, soit à peu près 20 minutes. Ajouter la crème et laisser bouillir 5 minutes. Saler et poivrer. Ajouter un filet de jus de citron. Réserver au chaud.

Vous pouvez créer un éventail de couleurs avec cette sauce de base pour différentes recettes. Voici quelques suggestions:
    vert tendre: ajouter 15 mL (1 c. à soupe) de purée de brocoli;
    orange: ajouter 15 mL (1 c. à soupe) de purée de carottes.

Beurre fondu, ou monté

200 g (7 oz) de beurre salé coupé en petits cubes
jus d'un quart de citron
30 mL (2 c. à soupe) de fumet (voir page 15) ou de vin blanc

Dans une petite casserole, faire bouillir à gros bouillons le fumet ou le vin blanc. Ajouter le beurre coupé en petits morceaux et fouetter vivement pendant quelques minutes. Ensuite, ajouter le jus de citron et réserver au chaud.

Coulis de tomates

1 kg (2 lb 3 oz) de tomates
1 petit poireau
1 branche de céleri
1 oignon
2 gousses d'ail
150 mL (⅔ tasse) de crème 35%

Laver le poireau et le céleri puis les émincer ainsi que l'oignon et l'ail.
Enlever la peau des tomates et les couper en deux.

Dans une sauteuse, mettre la crème, le poireau, le céleri, l'ail, et l'oignon. Faire cuire 10 minutes à couvert, à feu moyen. Ajouter les tomates. Laisser cuire 15 minutes à partir de la première ébullition.

Passer au mélangeur et ensuite à l'étamine. Cette sauce servira d'accompagnement pour différents poissons.

Note: pour enlever la peau d'une tomate, la tremper 3 ou 4 minutes dans de l'eau bouillante et la rafraîchir sous l'eau froide, la peau se détachera facilement.

Sauce au roquefort

Vous pouvez aussi prendre n'importe quel autre fromage bleu.

50 g   (2 oz) de roquefort
15 mL   (1 c. à soupe) de vinaigre de vin
90 mL   (6 c. à soupe) de ciboulette
        poivre

Dans un bol écraser le roquefort avec une fourchette.

Incorporer avec un fouet les autres ingrédients.

Cette sauce peut être servie avec une fondue, du céleri, de la mâche, des endives, etc.

Sauce béarnaise

300 g   (10 oz) de beurre
5   jaunes d'oeufs
100 mL (⅓ de tasse) de vinaigre de vin
50 g   (2 oz) d'échalotes
15 mL (1 c. à soupe) d'estragon haché
         une pincée de poivre

Hacher la valeur de 15 mL (1 c. à soupe) d'estragon. Hacher grossièrement le poivre en grains. Émincer les échalotes. Réunir les échalotes, l'estragon et le poivre dans une petite sauteuse. Ajouter le vinaigre de vin. Mettre sur le feu et faire réduire d'un bon quart. La réduction terminée, laisser refroidir.

Pendant ce temps, faire fondre le beurre dans un bain-marie, éliminer l'écume qui se forme à la surface du beurre et le petit lait qui se dépose au fond du bain-marie. Maintenir le beurre au chaud.

Mettre les jaunes d'oeufs dans la réduction refroidie et, à l'aide d'un petit fouet à sauce, mélanger énergiquement les jaunes et la réduction en les soumettant à une chaleur progressive. Lorsque cette émulsion atteint la consistance d'une crème, retirer la sauteuse du feu.

Hors du feu, à l'aide d'une petite louche, incorporer petit à petit le beurre clarifié dans l'appareil en mélangeant avec le fouet. En cours de réalisation, si la sauce est trop épaisse, ajouter quelques gouttes d'eau. Passer la sauce à l'étamine. Assaisonner d'une pincée de sel fin et d'une pointe de poivre. Réserver dans un endroit tiède.

Sauce béchamel

Un classique dans les sauces et une excellente sauce de base.

500 mL	(2 tasses) de lait
50 g	(2 oz) de beurre
40 g	(2 oz) de farine
	sel, poivre, muscade râpée

Dans une sauteuse, mettre le lait à bouillir. Pendant ce temps, dans une autre sauteuse, sur un feu doux, mettre le beurre à fondre. Ajouter la farine et mélanger le tout. Ce mélange (nommé roux) doit être absolument lisse, sans grumeau. Cuire quelques minutes, sans laisser prendre couleur, sur le coin du feu. Mettre à refroidir.

Verser ensuite le lait bouillant, en le mélangeant à l'aide d'un petit fouet à sauce, de manière à obtenir un appareil très lisse.

Assaisonner de sel fin, d'une pointe de poivre et de quelques râpures de muscade.

Porter à ébullition. Baisser le feu et laisser cuire quelques minutes en remuant de temps à autre.

Sauce coulis de homard

1	homard de 455 g (1 lb)
30 mL	(2 c. à soupe) d'huile d'olive ou autre
15 mL	(1 c. à soupe) de pâte de tomate
¼ L	(1 tasse) de vin blanc
1 L	(4 tasses) de fumet de poisson (voir p. 15)
2	gousses d'ail
1	carotte
1	petit oignon
30 mL	(2 c. à soupe) de cognac

Élément de liaison

50 g	(2 oz) de beurre ramoli mélangé avec l'intestin et / ou le corail du homard
15 mL	(1 c. à soupe) de farine

Prendre le homard vivant, insérer un couteau bien aiguisé dans le cou, à l'endroit où la tête rejoint le corps, puis tirer rapidement en direction de la tête. Arracher les pinces et les couper en deux. Fendre le coffre du homard dans le sens de la longueur, retirer et réserver les intestins pour la liaison.

Couper le homard en morceaux et leur faire prendre couleur dans l'huile chaude jusqu'à ce qu'ils rougissent.

Hacher l'ail, l'oignon et la carotte et ajouter au mélange. Remuer le tout pendant quelques instants. Incorporer le cognac et flamber.

Mélanger la pâte de tomate, le vin blanc et le fumet de poisson dans une casserole. Porter à ébullition, écumer, saler et cuire avec un couvercle pendant 30 minutes.

En terminant, ajouter l'élément de liaison et laisser cuire à feu moyen encore une vingtaine de minutes. Passer à l'étamine. Ajouter les morceaux de homard flambé et réserver.

Sauce hollandaise

2	jaunes d'oeufs (garder le blanc pour une autre recette)
200 g	(7 oz) de beurre clarifié (voir note plus bas)
30 mL	(2 c. à soupe) d'eau
	sel et poivre blanc

Mettre les jaunes d'oeufs et l'eau dans un bol en acier. Fouetter énergiquement à l'aide d'un fouet métallique, jusqu'à ce que le mélange forme un ruban. Incorporer petit à petit le beurre clarifié tiède. Tout en fouettant, saler et poivrer.

Cette opération doit se faire au tiède, c'est-à-dire dans un bain-marie.

Note : pour clarifier le beurre, le faire fondre à feu très doux ; le beurre apparaît clair comme de l'huile, tandis qu'un dépôt blanchâtre se forme au fond de la casserole. Récupérer le beurre clair à l'aide d'une louche.

Sauce rouille

1re opération :
    4   jaunes d'oeufs cuits durs
    4   filets d'anchois
    2   gousses d'ail
    5 mL   (2 c. à café rase) de pâte de tomate

2e opération :
    3   jaunes d'oeufs
    5 mL   (2 c. à café) de moutarde forte
           sel et poivre
    ½ L   (2 tasses) d'huile d'olive

3e opération :
    2 mL   (1 c. à café) d'harissa*
           quelques brindilles de safran

Passer au mélangeur les ingrédients de la 1re opération.

Monter une mayonnaise avec les ingrédients de la 2e opération.

Pour terminer, mélanger la 1re opération à la mayonnaise, puis ajouter l'harissa et le safran.

Cette rouille est délicieuse sur de petits croûtons pour prendre à l'apéritif, ou encore avec la soupe au poisson.

*L'harissa est une épice fine qui se trouve dans les magasins spécialisés.

Sauce yaourt à la ciboulette

90 mL (6 c. à soupe) de yaourt
45 mL (3 c. à soupe) de crème 35%
15 mL (1 c. à soupe) de vinaigre de vin rouge
6 à 8 brins de ciboulette hachés finement ou, à défaut,
       2 échalotes vertes
       sel et poivre

Mélanger tous les ingrédients. Réserver.

Vinaigrette dite à la française

15 mL (1 c. à soupe) de moutarde de Dijon
45 mL (3 c. à soupe) de vinaigre
500 mL (2 tasses) d'huile
       sel et poivre

Mélanger le vinaigre et la moutarde et incorporer petit à petit l'huile. Assaisonner de sel et poivre.

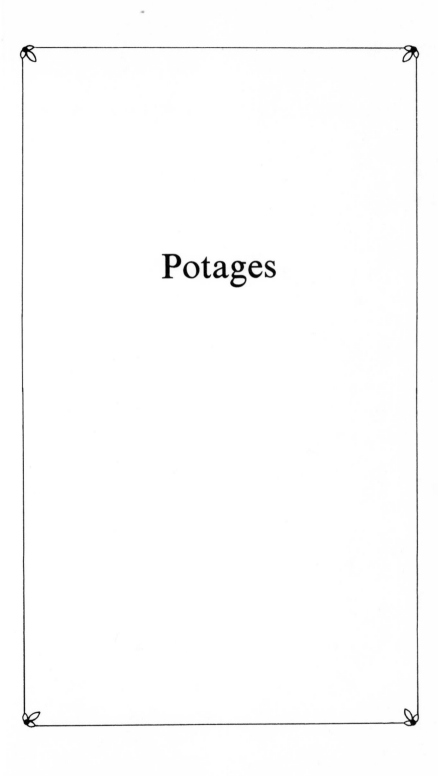

Potages

Crème d'asperges vertes et brocoli

pour 4 personnes ─────────────────────────

½ L	(2 tasses) de fond de volaille (voir p. 14)
250 g	(9 oz) d'asperges vertes, fraîches
250 g	(9 oz) de brocoli sans tiges
15 mL	(1 c. à soupe) de semoule de blé
150 mL	(⅔ tasse) de crème 35%
1	jaune d'oeuf

Éplucher les asperges. Séparer les pointes et les queues. Mettre les queues et le fond de volaille dans une casserole et faire cuire 30 minutes. Faire cuire séparément les pointes d'asperges et le brocoli à l'eau bouillante salée. Les rafraîchir rapidement sous l'eau froide.

Réserver 4 ou 5 pointes d'asperges par personne pour la garniture. Passer les autres asperges et le brocoli au mélangeur jusqu'à consistance de purée. Réserver.

Passer les queues d'asperges et le bouillon au moulin à légumes afin d'en éliminer les fils.

Remettre le bouillon sur le feu et y jeter la semoule en pluie fine. Puis ajouter la purée de brocoli et d'asperges. Remuer le tout au fouet métallique.

Continuer la cuisson 8 à 10 minutes. Ajouter la crème. Rectifier l'assaisonnement. A la dernière minute lier avec le jaune d'oeuf délayé dans un peu de crème fraîche. Cette dernière opération doit se faire hors du feu car la soupe ne doit pas bouillir.

Servir en soupière.

Crème de pétoncles

400 g   (14 oz) de pétoncles
125 mL   (½ tasse) de vin blanc
250 mL   (1 tasse) de fumet de poisson (voir p. 15)
 30 mL   (2 c. à soupe) de crème 35%
250 mL   (1 tasse) de crème 35%
  2   jaunes d'oeufs
  1   échalote, hachée
         ciboulette, sel et poivre

Mettre dans une grande sauteuse, le vin blanc, le fumet de poisson, l'échalote hachée et une pincée de sel.

A la première ébullition, mettre la moitié des pétoncles et les laisser cuire 3 ou 4 minutes. Les retirer à l'aide d'une écumoire et réserver. Faire reprendre l'ébullition et recommencer l'opération.

Mélanger les 2 jaunes d'oeufs avec 30 mL (2 c. à soupe) de crème 35% dans une tasse, réserver.

Verser la crème dans le bouillon de cuisson des pétoncles réduit de moitié; faire bouillir pendant 3 ou 4 minutes.

Hors du feu, incorporer graduellement les jaunes d'oeufs dans la casserole en fouettant énergiquement.

Répartir les pétoncles coupés dans chaque assiette et verser le liquide. Parsemer de ciboulette hachée et donner 2 ou 3 tours de moulin à poivre sur le tout.

Petite mousseline de volaille

Consommé de volaille aux courgettes

Soupe des pêcheurs

Terrine de homard maraîcher

Noisettes d'agneau au coulis de poivron rouge

Ris de veau aux endives

Aiguillettes de canard au vinaigre de framboises

Cailles aux gousses d'ail à la crème

Consommé de volaille aux courgettes

pour 4 personnes

1 L	(4 tasses) de fond de volaille (voir p. 14)
4	petites courgettes
1	blanc de poireau
1	jaune d'oeuf
150 mL	(⅔ tasse) de crème 35%
30 g	(2 c. à soupe) de beurre
	sel et poivre

Émincer les courgettes. Les faire revenir dans le beurre à feu moyen, sans jamais les faire colorer. Dix minutes plus tard, verser le fond de volaille et laisser bouillir une dizaine de minutes. Saler et poivrer. Passer au mélangeur et remettre à bouillir sur le feu.

Dans un bol à part, délayer le jaune d'oeuf et la crème 35%.

Arrêter la cuisson du consommé et incorporer la liaison jaune d'oeuf / crème. Fouetter et servir.

Vous pouvez décorer chaque assiette avec quelques rondelles de courgettes.

Soupe aux huîtres
à l'émincé de poireau

pour 6 personnes

1 L	(4 tasses) de fumet de poisson (voir p. 15)
250 g	(9 oz) de blancs de poireaux hachés
40 g	(1½ oz) de beurre
100 g	(4 oz) de pommes de terre coupées en dés
30	huîtres
250 mL	(1 tasse) de crème 35%
1	poireau entier coupé en fines lamelles
	persil haché

Faire revenir doucement les blancs de poireaux hachés dans une sauteuse avec le beurre en remuant constamment.

Ajouter le fumet de poisson chaud et les pommes de terre. Laisser cuire une vingtaine de minutes, passer au mélangeur, puis remettre dans la sauteuse et laisser mijoter quelques instants.

Faire revenir le poireau entier coupé en lamelles pendant quelques minutes dans un peu de beurre, réserver.

Faire cuire les huîtres quelques minutes, par petites quantités à la fois, dans la crème bouillante. Retirer les huîtres et les mettre de côté. Cette opération étant terminée, mélanger la crème à la soupe en remuant au fouet, puis le poireau coupé en fines lamelles.

Disposer les huîtres dans chaque assiette, puis verser la soupe. Saupoudrer de persil haché et servir aussitôt.

Soupe des pêcheurs

pour 8 personnes ───────────────────────────

2 L	(8 tasses) de fumet de poisson (voir p. 15)
1	poireau
1	carotte
1	branche de céleri
1	oignon
½	gousse d'ail
3	tomates pelées
60 mL	(3 c. à soupe) d'huile d'olive
	quelques brindilles de safran
	sel et poivre

Éplucher et laver tous les légumes. Les tailler en fine julienne.

Faire revenir les oignons dans l'huile chaude sans les colorer. Ajouter les légumes et les tomates coupées en morceaux.

Verser le fumet et laisser cuire une dizaine de minutes après ébullition. Saler, poivrer et safraner.

Quelques minutes avant de servir, vous pouvez ajouter plusieurs petits morceaux de poisson. Laisser cuire quelques instants.

Cette soupe peut se servir avec des petits croûtons et de la rouille (voir p. 26).

Entrées chaudes
et froides

Croque-avocat à la créole

pour 4 personnes

15 g	(1 c. à soupe) de beurre
4	tranches de pain
2	tomates mûres
2	avocats
	sel et poivre
4	tranches de jambon
70 g	(3 oz) de gruyère râpé

Faire dorer à feu doux, dans une poêle, les tranches de pain avec un peu de beurre. Les déposer dans un plat à gratin et les recouvrir de 2 tomates épluchées et coupées en rondelles minces, ainsi que des avocats émincés.

Saler, poivrer et ajouter le jambon. Saupoudrer de gruyère râpé et faire gratiner une dizaine de minutes.

Servir chaud.

Feuilletés d'escargots aux noix

125 mL   (½ tasse) de vin blanc
    2   échalotes entières
   32   escargots
300 mL   (1¼ tasse) de crème 35%
            sel et poivre fraîchement moulu
   40 g   (1½ oz) de noix concassées
  180 g   (6 oz) de pâte feuilletée (45 g / 1½ oz) par personne
     1   jaune d'oeuf

Faire bouillir le vin blanc avec les échalotes, le sel et le poivre. Ajouter les escargots et laisser cuire pendant 3 minutes. Verser la crème et continuer la cuisson pendant 5 à 8 minutes, ou jusqu'à ce que le liquide devienne onctueux.

Étaler la pâte feuilletée et la couper en quatre; la pâte doit avoir 3 à 4 mm (⅛ po) d'épaisseur. Dorer le dessus au jaune d'oeuf. Cuire de 12 à 15 minutes dans un four préalablement chauffé à 190°C (380°F).

Retirer du four et couper le dessus du feuilleté, verser la préparation divisée en quatre et parsemer de noix. Reposer le couvercle et servir aussitôt.

Petits conseils pour la confection des feuilletés

Fariner légèrement la table de travail, y étendre la pâte feuilletée à l'aide d'un rouleau à pâtisserie, en ayant soin de lui donner une forme géométrique, soit carrée, soit rectangulaire.

Avec un grand couteau bien tranchant, découper net et franchement dans la pâte. Couper le nombre de feuilletés dont vous avez besoin. Les mettre sur une plaque à pâtisserie pour les faire dorer et, à l'aide d'un pinceau, badigeonner de jaune d'oeuf battu la surface supérieure, en prenant soin de ne pas faire dégouliner sur les côtés; cela nuirait à leur développement. Les tenir au chaud sur la porte ouverte du four après leur cuisson. Pour une cuisson parfaite, l'intérieur du feuilleté doit être humide.

Flan de crabe au brocoli

pour 4 personnes —————————————————

200 g   (7 oz) de crabe (1 boîte)
375 mL   (1⅔ tasse) de crème 35%
   3   oeufs
225 g   (8 oz) de brocoli
         sel et poivre

Faire cuire le brocoli 5 minutes dans l'eau bouillante.

Beurrer 6 petits moules et y déposer le brocoli, la tige en l'air. Partager le crabe dans les moules.

Dans un bol, mélanger les trois oeufs et la crème, saler et poivrer. Verser l'appareil dans les moules.

Cuire au bain-marie 40 minutes dans un four à 200°C (400°F). Démouler et servir chaud avec un beurre blanc (voir p. 19).

Flan de moules au brocoli

500 g	(1 lb) de moules
30 mL	(2 c. à soupe) de vin blanc
1	échalote hachée
250 mL	(1 tasse) de crème 35%
2	oeufs
150 g	(5 oz) de brocoli
	sel et poivre

Faire ouvrir les moules dans une casserole avec le vin blanc et l'échalote hachée.

Faire cuire le brocoli 5 minutes dans de l'eau bouillante.

Beurrer 4 ramequins. Y déposer le brocoli, côté tige en l'air. Mettre les moules par-dessus.

Mélanger les oeufs battus avec la crème, le sel et le poivre et verser dans les ramequins. Faire cuire au bain-marie 40 minutes dans un four à 200° C (400° F).

Démouler et servir chaud avec un beurre blanc (voir p. 19).

Gelée de lapin

pour 4 à 6 personnes

	os d'un lapin
¾ L	(3 tasses) d'eau froide
¼ L	(1 tasse) de vin blanc
½	oignon
1	carotte
½	poireau
1	tomate
1	feuille de laurier
	thym et persil
	sel et poivre
30 mL	(2 c. à soupe) de gélatine en poudre
1	gousse d'ail
1	noix de beurre

Dans une casserole, faire dorer les os de lapin dans la noix de beurre. Dès qu'ils sont bien dorés, déglacer avec le vin blanc et l'eau froide.

Ajouter la garniture (oignon, carotte, poireau, ail, tomate, laurier, thym et persil). Saler et poivrer. Laisser mijoter 60 minutes.

Passer ensuite au chinois étamine. Incorporer la gélatine en poudre, tout en remuant pour la faire fondre. Laisser prendre au réfrigérateur.

Gratin de palourdes aux épinards

pour 4 personnes

900 g   (2 lb) de palourdes
250 mL   (1 tasse) de vin blanc
150 g   (5 oz) de gruyère râpé
2   échalotes françaises
30 mL   (2 c. à soupe) d'huile
450 g   (1 lb) d'épinards frais
         sel et poivre fraîchement moulu

Sauce

40 g   (3 c. à soupe) de beurre
20 g   (1 oz) de farine
¼ L   (1 tasse) de crème 35 %

Après avoir fait blanchir les épinards pendant 5 minutes dans une grande quantité d'eau bouillante, les refraîchir abondamment à l'eau froide. Les égoutter et les hacher grossièrement avant de les faire sauter vivement dans de l'huile. Saler très légèrement, donner deux tours de moulin à poivre et mettre de côté.

Dans une grande casserole, faire ouvrir les palourdes avec les échalotes, à couvert et à feu vif, dans le vin blanc durant 5 minutes; retirer les mollusques et leurs coquilles et les mettre de côté.

Faire un roux blanc avec le beurre et la farine et ajouter le jus de cuisson des palourdes, puis la crème, mais hors du feu, poivrer seulement. Incorporer les épinards.

Mélanger les palourdes aux épinards à la crème et verser la préparation dans un plat beurré allant au four. Saupoudrer de fromage râpé et faire gratiner quelques minutes dans un four à 200° C (400° F).

Huîtres chaudes
à la mousseline d'épinards

pour 2 personnes ────────────────────────────

14	huîtres fraîches
250 g	(9 oz) d'épinards
100 g	(4 oz) de beurre
60 mL	(4 c. à soupe) de crème 35%
	sel et poivre
1	échalote hachée
125 mL	(½ tasse) de vin blanc

Plonger les épinards dans l'eau bouillante salée pendant 2 ou 3 minutes. Les égoutter puis les passer au mélangeur, assaisonner et incorporer la crème fraîche.

Ouvrir les huîtres, détacher la chair et réserver le jus. Amener le vin blanc à ébullition et y jeter les huîtres pendant 30 secondes pour les faire raidir. Dresser les coquilles sur une assiette. Mettre dedans une cuillerée de mousseline d'épinards et poser dessus les huîtres égouttées.

Faire réduire le jus des huîtres avec l'échalote hachée. Monter le jus des huîtres en y incorporant graduellement le beurre coupé en petits morceaux et en battant vigoureusement avec un fouet à chaque addition. Une fois la sauce terminée, napper les coquilles et servir aussitôt.

Mousse de brochet
aux oeufs de saumon

pour 5 personnes ───────────────────────

1	petit pot d'oeufs de saumon
200 g	(7 oz) de chair de brochet
2	oeufs
50 g	(2 oz) de beurre très froid
300 mL	(1¼ tasse) de fumet de poisson (voir p. 15)
½ L	(2 tasses) de crème 35%
¼ L	(1 tasse) de lait froid bouilli
	sel, poivre
	une pointe de muscade
5 mL	(4 c. à soupe) de madère
1	échalote hachée

Passer la chair du brochet au mélangeur. Mélanger au fouet les oeufs, 250 mL (1 tasse) de crème et le lait.

Incorporer cette préparation au brochet. Passer à l'étamine. Assaisonner de sel, poivre et muscade. Beurrer des petits moules et les remplir de la préparation.

Préchauffer le four à 200° C (400° F). Cuire au bain-marie pendant 35 minutes.

Pour la sauce

Dans une casserole, verser le fumet de poisson, le madère et l'échalote hachée. Faire réduire de moitié à feu moyen. Ajouter le restant de la crème et laisser bouillir doucement pendant 5 à 7 minutes.

Lier cette sauce en y jetant le beurre très froid, coupé en petits morceaux. Laisser bouillir, tout en fouettant avec un fouet métallique, jusqu'à la disparition totale du beurre. Vérifier l'assaisonnement.

Démouler les mousses de brochet sur des assiettes individuelles, légèrement tièdes. Napper avec la sauce et parsemer d'oeufs de saumon.

Mousse de pigeon aux truffes

pour 6 à 8 personnes

2	pigeons
150 g	(5 oz) de foie gras de canard
50 g	(2 oz) de beurre
1	truffe de 20 g (1 oz) et son jus
1	verre de porto
¼ L	(1 tasse) de crème 35%, fouettée
250 mL	(1 tasse) de fond de volaille (voir p. 14)
5	feuilles de gélatine (ou 2 sachets de gélatine en poudre)
	mirepoix (oignon, carotte, tomate, céleri et ½ gousse d'ail, détaillés en petits cubes)
1	noix de beurre
	sel

Cuire rosé les pigeons dans la noix de beurre, de 8 à 10 minutes au four à 200°C (400°F). Laisser refroidir. Enlever la peau et désosser les pigeons. Réserver la chair.

Pour le fond de pigeon
Faire chauffer les 50 g de beurre dans une cocotte et y faire revenir les carcasses et la mirepoix. Bien dorer et mouiller avec le fond de volaille et le porto. Laisser mijoter 30 minutes.

Passer au chinois et ajouter la gélatine.

Hacher la chair du pigeon et mélanger le foie gras et le fond de cuisson des pigeons. Ajouter la truffe et son jus et du sel si nécessaire.

Mélanger délicatement avec la crème fouettée. Mouler dans de petites terrines (ou une grande) et laisser prendre au réfrigérateur.

Mousseline d'épinards
à l'émincé de foie

pour 4 personnes

250 mL	(1 tasse) de lait
120 g	(4¼ oz) d'épinards en feuilles
3	jaunes d'oeufs
30 mL	(2 c. à soupe) de vinaigre de vin
2	échalotes séchées
150 mL	(⅔ tasse) de crème 35%
	sel et poivre
15 mL	(1 c. à soupe) de fond de veau (facultatif)
200 g	(7 oz) de foie de veau coupé en lamelles

Équeuter et laver les épinards, les cuire à feu moyen pendant 3 ou 4 minutes dans une sauteuse avec une noix de beurre.

Mettre dans le mélangeur les épinards, le lait et les jaunes d'oeufs. Laisser tourner jusqu'à consistance liquide. Saler et poivrer.

Beurrer des petits moules et les remplir de l'appareil. Cuire au bain-marie dans un four chaud à 190°C (375°F) pendant 12 minutes.

Couper le foie en julienne (lamelles). Dans une poêle, mettre une noix de beurre, chauffer à feu moyen, jeter la julienne de foie par petites quantités, laisser colorer pendant quelques minutes (1 à 3) et mettre de côté. Recommencer l'opération jusqu'à épuisement.

Hacher deux échalotes, les mettre dans le beurre de cuisson et faire colorer. Déglacer au vinaigre de vin, ajouter la crème 35%, laisser bouillir jusqu'à ce que la sauce soit onctueuse.

Saler et poivrer au goût. Remettre le foie dans la sauce et réserver.

Dans des assiettes chaudes, disposer la mousse d'épinards démoulée au milieu, le foie tout autour et napper celui-ci de sauce. Servir aussitôt.

Petite mousseline de volaille

pour 6 personnes —————————————————

250 g	(9 oz) de foie de volaille
4	oeufs entiers
250 mL	(1 tasse) de crème 35%
250 mL	(1 tasse) de lait
	sel et poivre
30 mL	(2 c. à soupe) de madère

Coulis de tomate

1 kg	(2 lb 3 oz) de tomates
1	petit poireau
1	branche de céleri
1	petit oignon
2	gousses d'ail
150 mL	(⅔ tasse) de crème 35%
	sel et poivre
50 mL	(¼ tasse) de fond de volaille (voir p. 14)

Nettoyer le foie et le mettre dans le mélangeur. Incorporer les oeufs puis la crème et le lait. Cette opération doit se faire très vite pour éviter que la préparation ne se réchauffe. Saler, poivrer et incorporer le madère. Passer au tamis.

Beurrer un moule et vider la préparation dans celui-ci. Cuire au bain-marie à four moyen, 190° C (375° F), pendant 1 h 30.

Pendant ce temps, préparer le coulis de tomate. Laver et émincer les légumes. Enlever la peau des tomates en les mettant quelques minutes dans l'eau bouillante, les couper en deux, les épépiner et les concasser.

Dans une casserole, verser la crème, ajouter le poireau, le céleri et

→

l'oignon émincés et l'ail écrasé. Faire cuire 10 minutes à couvert à feu moyen.

Ajouter les tomates. Laisser cuire 15 minutes à partir de la première ébullition. Passer au mélangeur et ensuite à l'étamine. Ajouter le fond de volaille. Assaisonner au goût.

Napper le fond de l'assiette, démouler la mousseline et la placer au centre. Servir aussitôt.

Petits choux farcis de moules au beurre de tomate

pour 4 personnes ───────────────────────────

400 g	(14 oz) de moules
1	chou frisé
120 g	(4½ oz) de beurre
1	échalote hachée
4	tomates
	persil
20 mL	(1½ c. à soupe) de vin blanc

Prélever 2 ou 3 feuilles par personne sur le chou et les faire blanchir à l'eau salée bouillante, pendant 3 à 5 minutes, jusqu'à ce qu'elles soient tendres. Au terme de la cuisson, les égoutter sur un linge.

Gratter et laver les moules. Les faire ouvrir à feu vif avec 20 mL de vin blanc, l'échalote hachée et un peu de persil. Aussitôt ouvertes, les décortiquer et réserver. Passer le jus de moules à travers un chinois étamine. Réserver.

Les feuilles de chou étant égouttées, retirer la grosse côte centrale. Sur chaque feuille, disposer 3 moules, puis fermer la feuille de façon à former un paquet.

Poser ensuite dans un plat allant au four. Mettre une noisette de beurre sur chaque chou et garder en attente au réfrigérateur.

Couper 3 tomates en quartiers, les passer au mélangeur. Les mettre dans une casserole à feu moyen avec le jus de moules. Faire réduire le tout des deux tiers. Ajouter le beurre en battant avec un fouet vigoureusement. Vérifier l'assaisonnement.

Peler et épépiner la quatrième tomate et la couper en petits dés. Réserver.

Passer au four le plat de petits choux quelques minutes.

Sur des assiettes chaudes, disposer la sauce et par-dessus les petits choux. Finir en parsemant de dés de tomate. Servir aussitôt.

Petits croûtons aux olives noires

500 g	(1 lb) d'olives noires
1	gousse d'ail
80 g	(3½ oz) de filets d'anchois à l'huile
	pain baguette
45 mL	(3 c. à soupe) d'huile d'olive
	poivre fraîchement moulu

Dénoyauter les olives, les mettre dans le mélangeur avec les anchois, la gousse d'ail pelée et écrasée, l'huile d'olive et quelques tours de moulin à poivre.

Laisser tourner 4 à 5 minutes.

Réserver cette préparation dans un bocal pendant plusieurs semaines, recouverte d'une fine pellicule d'huile d'olive.

Tartiner généreusement de fines tranches de pain préalablement rôties au four.

Quiche aux oignons

500 g   (1 lb) d'oignons
50 g   (2 oz) de beurre
125 mL   (½ tasse) de crème 35%
2   oeufs
      sel et poivre
200 g   (7 oz) de pâte feuilletée

Éplucher et émincer les oignons. Dans une sauteuse, mettre le beurre à fondre à feu moyen, ajouter les oignons, et laisser cuire quelques instants. Ensuite ajouter la crème et le sel, couvrir et faire cuire 15 minutes. Laisser refroidir, ajouter les oeufs battus, bien mélanger. Réserver.

Étendre la pâte feuilletée, foncer 6 petits moules à tartelettes, ou 1 grand, et piquer le fond avec une fourchette. Verser la préparation dans chaque tartelette. Cuire à four moyen, 200° C (400° F), pendant 20 minutes.

Rillettes de lapin au poivre vert

pour 6 ou 8 personnes

1	lapin moyen
200 g	(7 oz) de carottes
50 g	(2 oz) de beurre
½	oignon
2	feuilles de laurier
3	pommes
½	branche de céleri
1	gousse d'ail
250 mL	(1 tasse) de vin blanc
	calvados
100 g	(4 oz) de beurre
25	grains de poivre vert

Désosser le lapin et le couper en petits morceaux. Réserver les os pour la gelée (voir p. 43). Éplucher tous les légumes et les couper en morceaux.

Dans une sauteuse, mettre à fondre 50 g (2 oz) de beurre à feu moyen. Faire colorer les morceaux de lapin. Ajouter les légumes tranchés et les feuilles de laurier et faire cuire pendant 10 minutes.

Flamber au calvados, verser le vin blanc, couvrir et laisser cuire au four pendant une heure à 200° C (400° F).

Une fois le lapin cuit, sortir alors la casserole du four. Égoutter à travers une passoire pour en recueillir le jus. Faire réduire de moitié celui-ci et ajouter les 100 g (4 oz) de beurre.

Passer les morceaux de lapin et légumes au mélangeur, mais pas trop longtemps (2 à 4 tours). Verser dans un saladier et incorporer les grains de poivre vert et le liquide. Vérifier l'assaisonnement. Mouler et garder au réfrigérateur.

Servir avec la gelée de lapin.

Salade d'épinards aux mandarines

pour 4 personnes ───────────────

250 g	(9 oz) d'épinards
4	mandarines
	vinaigrette française
240 g	(1 boîte) de foie de morue

Vinaigrette

200 mL	(¾ tasse) d'huile
30 mL	(2 c. à soupe) de vinaigre
2 mL	(1 c. à café) de moutarde de Dijon
	sel et poivre

Équeuter, laver et essorer les épinards. Dans un saladier, les mélanger aux quartiers de mandarine et au foie de morue.

Verser la vinaigrette française, remuer le tout et disposer sur chaque assiette froide.

Dans un saladier, mettre la moutarde, incorporer le vinaigre, mélanger puis verser petit à petit l'huile tout en fouettant. Saler et poivrer.

Salade de poireaux crus
au saumon fumé

pour 4 personnes

8	fines tranches de saumon fumé
1	avocat mûr
1	poireau
4	champignons
200 g	(7 oz) d'épinards en feuilles
50 mL	(¼ tasse) de vinaigrette (voir p. 27)
	quelques feuilles d'estragon
1	tomate concassée et épépinée

Éplucher l'avocat et le tailler en petits bâtonnets. Laver et tailler le poireau en fines lanières. Laver et émincer les champignons. Laver et équeuter les épinards.

Dans un saladier, mélanger délicatement tomate, poireau, avocat, champignons et estragon. Ajouter la vinaigrette.

Répartir sur quatre assiettes froides, les feuilles d'épinards légèrement assaisonnées et la préparation de tomate, poireau, avocat, champignons et estragon. Pour finir, disposer deux fines tranches de saumon fumé, découpées en lamelles et formant des losanges. Servir aussitôt.

Tarte aux asperges

pour 6 personnes —————————————————————

400 g   (14 oz) de pâte brisée
450 g   (1 lb) d'asperges fraîches, vertes ou blanches
 45 mL   (3 c. à soupe) de beurre
 15 mL   (1 c. à soupe) de farine
250 mL   (1 tasse) de crème 35%
 75 g   (3 oz) de gruyère râpé
          sel et poivre fraîchement moulu
          une pointe de muscade

Éplucher les asperges, les mettre dans une casserole, recouvrir d'eau et laisser cuire jusqu'à ce qu'elles soient tendres. Ensuite les couper en tronçons de 13 mm (1½ po).

Étendre la pâte brisée, foncer une assiette à tarte et la faire cuire au four à 190°C (375°F) pendant une quinzaine de minutes, en ayant soin de couvrir le fond de la tarte de haricots secs pour que la pâte ne se soulève pas pendant la cuisson.

Pendant ce temps, préparer la sauce. Faire fondre le beurre dans une casserole à feu doux. A l'aide d'un fouet, mélanger la farine pendant 2 minutes. Ajouter la crème, la muscade, saler, poivrer et porter à ébullition.

Garnir le fond de la tarte avec les asperges, verser la sauce et ajouter le gruyère râpé.

Gratiner au four à 190°C (375°F) pendant une dizaine de minutes. Servir chaud.

Terrine de homard maraîcher

pour 6 à 10 personnes

250 g	(9 oz) de chair de truite
250 g	(9 oz) de chair de scampis
425 mL	(1⅔ tasse) de crème 35%
2	homards vivants
50 g	(2 oz) d'épinards frais
½	oignon piqué d'un clou de girofle
	sel et poivre

Faire cuire dans l'eau bouillante salée et aromatisée d'une feuille de laurier, le demi-oignon et les 2 homards pendant 6 à 8 minutes, selon la grosseur de ceux-ci. Les laisser refroidir et les décortiquer. Couper en morceaux la chair des pinces et la réserver.

Désosser les truites pour en garder que la chair. Décortiquer les scampis et garder la chair.

Passer à la moulinette ces deux chairs et les mettre dans le bol du mélangeur. Faire tourner à grande vitesse en incorporant la crème tout doucement pour obtenir une pâte homogène et consistante. Assaisonner de sel et poivre.

Passer cette préparation à l'étamine pour obtenir une pâte lisse. Réserver.

Blanchir quelques secondes les épinards dans l'eau bouillante salée. Faire refroidir. Rouler les queues de homard dans les épinards refroidis.

Mélanger les petits morceaux de homard à la préparation de farce.

Beurrer une terrine. Remplir le tiers avec la préparation et, au milieu, déposer les queues de homard. Recouvrir avec le restant de la farce.

Cuire au bain-marie à four moyen, 190°C (375°F), pendant près de 60 minutes.

Démouler à la sortie du four, laisser refroidir et servir en tranche avec une sauce yaourt à la ciboulette (voir p. 27).

Terrine de langoustines

pour 6 à 10 personnes —————————————————————

300 g (10 oz) de chair de truite
225 g (8 oz) de langoustines (farce)
150 g (5 oz) de langoustines (décoration)
400 mL (1⅔ tasse) de crème 35%
 15 mL (1 c. à soupe) d'huile d'olive
 25 mL (¾ oz) de brandy

Faire chauffer l'huile d'olive dans une sauteuse. Y jeter 150 g (5 oz) de langoustines pour la décoration et faire revenir 1 ou 2 minutes. Déglacer avec le brandy, flamber et réserver.

Désosser les truites et passer la chair crue au mélangeur.

Décortiquer les langoustines pour la farce; enlever le petit boyau noir à l'intérieur. Passer la chair au mélangeur.

Mélanger les 2 chairs et monter avec la crème au mélangeur à grande vitesse. Assaisonner au goût et réserver.

Décortiquer les langoustines pour la décoration sans oublier d'enlever le petit boyau.

Prendre un moule, le beurrer, mettre un papier paraffiné, le beurrer également et commencer à monter la terrine: une couche de farce, une de langoustines et le restant de la farce. Mettre à cuire au bain-marie 60 minutes à four moyen, 190° C (375° F).

Servir froid, en tranche, avec une sauce aigrelette.

Tourte aux poireaux et au fromage

pour 6 personnes ————————————————

400 g	(14 oz) de poireaux
20 g	(1½ c. à soupe) de farine
25 g	(1½ c. à soupe) de beurre
500 g	(1 lb 2 oz) de pâte feuilletée
200 g	(7 oz) de lard fumé
200 g	(7 oz) de fromage gruyère
200 g	(7 oz) pommes de terre crues
400 g	(1⅔ tasse) de bouillon des poireaux
1	oeuf

Prendre un moule à tarte et le foncer avec la pâte feuilletée en laissant déborder de 2 cm (¾ po). Couvrir le fond de cette abaisse avec les pommes de terre émincées à 2 mm (⅛ po) d'épaisseur.

Blanchir les poireaux, coupés en tronçons de 3 cm (1¼ po) environ dans l'eau salée pendant 7 minutes. Égoutter sans rafraîchir.

Faire un roux et mouiller avec le bouillon des poireaux. Laisser cuire quelques minutes et mélanger aussitôt avec les poireaux ; en recouvrir les pommes de terre.

Couper ensuite le fromage en lamelles et en recouvrir la couche de poireaux. Disposer enfin le lard fumé, coupé en tranches très fines, sur toute la surface. Façonner ensuite un couvercle avec le restant de pâte feuilletée. Coller les bords à l'oeuf, les retourner et les pincer.

Décorer le dessus de la tarte de petites feuilles ou losanges taillés dans le reste de la pâte.

Cuire à four chaud, 190°C (375°F), pendant 70 minutes en prenant soin de ne pas laisser brûler le fond et en protégeant la surface avec un papier aluminium.

Viandes, volaille
et gibier

Gigot braisé aux échalotes vertes

pour 6 personnes —————————————————————

1	gigot
500 g	(1 lb) d'échalotes vertes
2	tomates sans peau
1	tête d'ail
40 g	(2 oz) de sucre
120 g	(5 oz) de beurre dont 60 g (2½ oz) servant à lier le jus
150 mL	(⅔ tasse) de fond de volaille (voir p. 14)
250 mL	(1 tasse) de vin blanc

Désosser le gigot. Le ficeler pour lui redonner sa forme. Saler et poivrer celui-ci. Dans une sauteuse, mettre 60 g (2½ oz) de beurre à chauffer et faire colorer le gigot sur toutes les faces, à feu moyen.

Détacher les gousses d'ail de la tête sans leur retirer la peau et les ajouter dans la sauteuse. Enfourner dans un four préchauffé à 200°C (400°F) pendant 30 minutes. Retirer le gigot du four, le mettre de côté, jeter l'excédent de beurre mais laisser l'ail.

Remettre 60 g (2½ oz) de beurre dans la sauteuse. Ajouter les échalotes vertes que vous aurez préalablement coupées en deux et les 40 g (2 oz) de sucre. Faire colorer vivement pendant 10 minutes. Poser alors le gigot dessus et laisser cuire dans le four à feu moyen à 180°C (350°F) pendant 15 minutes avant d'ajouter les 2 tomates. Déglacer au vin blanc.

Remettre au four pendant une vingtaine de minutes et retourner de temps en temps. Retirer le gigot du four et le laisser reposer pour permettre au jus de la viande de se répandre uniformément à l'intérieur.

Sur le feu, poser votre sauteuse et y jeter le fond de volaille et laisser bouillir pendant quelques minutes.

Navarin d'agneau
aux légumes de printemps

pour 6 personnes ————————————————————

1,5 kg	(3 lb 4 oz) d'épaule d'agneau
200 g	(7 oz) de petits oignons
300 g	(10 oz) de petits navets
300 g	(10 oz) de concombres
200 g	(7 oz) de petits pois
100 g	(4 oz) de carottes
2	gros oignons
1	branche de céleri
3	gousses d'ail
200	(7 oz) de tomates
	thym et laurier
	sel et poivre

Éplucher et laver tous les légumes sauf les gousses d'ail. Émincer les gros oignons, carottes, petits navets, céleri et tomates. Les faire revenir dans une casserole avec du beurre pendant 5 ou 6 minutes, puis les couvrir d'eau et les laisser cuire 15 à 20 minutes. Saler légèrement.

Retirer les gousses d'ail, passer le tout au mélangeur électrique pour en obtenir une purée et mettre de côté. Couper les concombres en gros cubes. Désosser et couper la viande en gros cubes. Dans une poêle, faire revenir celle-ci dans du beurre, à feu vif, jusqu'à coloration brunâtre, 4 ou 5 minutes.

Dans une sauteuse, mettre les petits oignons, les concombres, les petits pois, le thym et laurier, la viande et la purée des légumes. Cuire à couvert au four à 200° C (400° F) pendant près d'une heure.

Vérifier de temps à autre la cuisson de la viande. Au terme de la cuisson, verser dans un légumier et servir.

Noisettes d'agneau à la moutarde

pour 2 personnes

2	carrés d'agneau
25 g	(1 oz) de beurre
2 mL	(1 c. à café) de moutarde de Dijon
50 mL	(1¾ oz) de demi-glace (voir recette fond de veau p. 13)
30 mL	(2 c. à soupe) de crème 35%
50 mL	(1¾ oz) de vin blanc

Désosser les carrés d'agneau. Préparer des noisettes, c'est-à-dire couper (6) morceaux égaux dans chaque carré.

Dans une sauteuse, faire fondre le beurre. Lorsqu'il est très chaud, déposer les noisettes et faire cuire 2 minutes sur chaque face. Réserver au chaud dans une assiette. *L'agneau doit être rosé à l'intérieur.*

Jeter l'excédant de gras, déglacer avec 1¾ oz de vin blanc, mettre la moutarde de Dijon et la demi-glace. Laisser bouillir et incorporer au dernier moment la crème 35%. Compléter l'assaisonnement s'il y a lieu.

Dresser les noisettes sur deux assiettes et napper de sauce. Servir aussitôt.

Noisettes d'agneau
au coulis de poivron rouge

pour 2 personnes —————————————————————

2	carrés d'agneau
25 g	(1 oz) de beurre

Sauce coulis de poivron rouge

20 g	(1 oz) d'échalotes hachées
30 g	(1½ oz) de beurre
100 g	(4 oz) de poivron rouge
200 mL	(¾ tasse) de crème 35%
30 mL	(2 c. à soupe) de fond de volaille (voir p. 14)

Émincer et épépiner les poivrons. Hacher finement les échalotes. Dans une sauteuse les faire blondir dans 30 g (1½ oz) de beurre.

Ajouter les poivrons émincés et faire cuire pendant 5 minutes, à feu moyen, en remuant de temps en temps. Ajouter la crème et le fond de volaille. Laisser cuire pendant 10 à 12 minutes. Au terme de la cuisson, passer le tout au mélangeur pour obtenir une sauce homogène. Rectifier l'assaisonnement. Réserver au chaud.

Ensuite, désosser les deux carrés d'agneau. Préparer des noisettes, c'est-à-dire couper 6 morceaux égaux dans le chaque carré. Saler et poivrer des deux côtés.

Faire revenir à la poêle dans le beurre très chaud pendant deux minutes de chaque côté. L'agneau doit être rosé à l'intérieur. Réserver au chaud.

Verser la sauce coulis dans deux assiettes chaudes et disposer les noisettes dessus. Servir aussitôt.

Filet de boeuf au poivre vert

pour 2 personnes

2	morceaux de filet de boeuf de 200 g (7 oz)
20 g	(1 oz) de beurre
½	tomate fraîche, pelée, épépinée, puis concassée
100 mL	(⅓ tasse) de crème 35%
50 mL	(¼ tasse) de vin blanc
15	grains de poivre vert lavés
	sel

Dans une poêle, mettre le beurre à chauffer. Faire cuire les filets sur feu vif en les retournant à mi-cuisson, pour qu'ils soient saignants de préférence. Les réserver sur assiette chaude et les saler. (Le temps de cuisson dépend du degré de cuisson désiré.)

Jeter le beurre de cuisson contenu dans la poêle, déglacer avec le vin blanc, puis réduire à sec (voir note).Ajouter alors la crème, la tomate et le poivre vert. Faire bouillir le tout en laissant épaissir.

Napper de sauce vos filets de boeuf et servir aussitôt.

Note: réduire à sec, c'est-à-dire jusqu'à évaporation presque complète du liquide.

Entrecôte à la moutarde de Meaux

pour 2 personnes

La moutarde de Meaux est cette moutarde que l'on fait avec du vinaigre, des graines de moutarde et du vin blanc. Elle est en vente ici dans des pots de grès et nous la trouvons dans des épiceries spécialisées.

25 g	(1¾ c. à soupe) de beurre
2	entrecôtes de 200 g (8 oz) chacune
15 mL	(1 c. à soupe) de moutarde de Meaux
50 mL	(¼ tasse) de vin blanc
100 mL	(½ tasse) de crème 35%
	sel et poivre fraîchement moulu

Dans une sauteuse, faire fondre le beurre à feu vif. Lorsqu'il est très chaud, placer vos entrecôtes et laisser cuire 3 minutes de chaque côté. Si vous les préférez bien cuites, les laisser plus longtemps. Les enlever, déglacer au vin blanc, incorporer la moutarde et la crème. Laisser cuire quelques instants, jusqu'à ce que la sauce devienne onctueuse.

Dresser les entrecôtes sur un plat de service, napper de sauce et servir aussitôt.

Steak au poivre

pour 2 personnes

455 g	(1 lb) de steak
25	grains de poivre concassé (écrasé en petits morceaux)
30 g	(1½ oz) de beurre
30 mL	(2 c. à soupe) de brandy
125 mL	(½ tasse) de crème 35%
15 mL	(1 c. à soupe) de madère

Poivrer le steak des deux côtés. Faire fondre le beurre dans une sauteuse et, lorsqu'il est bien chaud, y saisir les steaks à feu vif. Les retourner, attendre que le second côté soit bien saisi, verser le brandy et flamber. Retirer les steaks du feu et garder au chaud.

Verser la crème, puis le madère dans le fond de cuisson, en remuant sans arrêt, à feu très doux, jusqu'à ce que la sauce épaississe.

Dresser les steaks sur des assiettes chaudes, napper de la sauce tamisée et garnir de bouquets de cresson.

Côtelettes de porc, sauce coulis de tomates à la menthe

pour 2 personnes —————————————————————

2	côtelettes de porc de 180 g (6 oz)
10 g	(½ oz) de beurre
	sel et poivre
	coulis de tomate (voir p. 20)

Enlever l'excédant de graisse autour des côtelettes. Les assaisonner de sel et poivre.

Dans une sauteuse, faire chauffer le beurre à feu moyen, ranger les côtelettes l'une à côté de l'autre. Cuire pendant 5 minutes sur une face, les retourner et laisser cuire de nouveau 5 minutes. Baisser le feu et continuer la cuisson doucement pendant 15 minutes.

Lorsqu'elles sont cuites, les disposer sur une assiette. Napper de sauce tomate à laquelle on aura ajouté quelques feuilles de menthe fraîche.

Servir avec un riz pilaf.

Foie de veau à la crème de carottes

pour 3 personnes ———————————————————

1	tranche de foie de veau 500 g (1 lb)
500 g	(1 lb) de carottes
100 mL	(⅓ de tasse) de crème 35%
15 g	(¾ oz) de beurre
	sel et poivre

Éplucher les carottes, les couper en rondelles. Les mettre dans une casserole avec une noix de beurre. Laisser cuire 15 à 20 minutes à feu moyen.

Dans une sauteuse, mettre 15 g (¾ oz) de beurre et faire colorer le foie à feu vif 2 minutes de chaque côté. Saler et poivrer. Ensuite, continuer la cuisson au four préalablement chauffé à 190° C (375° F), pendant 5 à 7 minutes, en arrosant souvent le foie pour l'empêcher de sécher; il doit rester rosé.

Pendant ce temps, passer les carottes au mélangeur. Lorsque le foie est cuit, le réserver au chaud.

Jeter le beurre de cuisson et le remplacer par la crème, ajouter alors la purée de carottes. Mélanger et assaisonner le tout.

Découper le foie en fines tranches. Faire un lit de crème de carottes sur chaque assiette et dresser les tranches de foie.

Médaillons de veau
à l'émincé de courgettes

pour 4 personnes

600 g	(1 ¼ lb) de filet de veau paré
50 mL	(¼ tasse) de vinaigre de vin à l'estragon
250 mL	(1 tasse) de crème 35 %
250 mL	(1 tasse) de fond de veau (voir p. 13)
30 g	(2 c. à soupe) de beurre pour la cuisson
40 g	(3 c. à soupe) de beurre pour la liaison
40 g	(3 c. à soupe) d'échalotes
2	petites courgettes
	sel et poivre
1	noix de beurre

Couper le filet de veau en 8 médaillons

Éplucher et hacher les échalotes. Laver les courgettes, les couper en deux dans le sens de la longueur puis les émincer en petites rondelles. Réserver.

Dans une sauteuse, faire chauffer 30 g (2 c. à soupe) de beurre. Assaisonner les médaillons de sel et poivre. Saisir la viande des deux côtés en lui donnant deux minutes de cuisson sur chaque face. La retirer et la réserver au chaud sur une grande assiette.

Jeter la moitié du beurre de cuisson. Ajouter les échalotes, faire blondir, déglacer (voir note) avec le vinaigre de vin et laisser réduire à sec (voir note).

Verser la crème et le fond de veau. Lier avec les 40 g (3 c. à soupe) de beurre très froid coupé en cubes en les jetant dans votre sauce très chaude.

Mettre les courgettes à cuire dans un poêlon avec une noix de beurre, à feu vif, pendant 5 minutes.

Remettre les médaillons 20 secondes dans la sauce et laisser mijoter sans faire bouillir.

Sur des assiettes chaudes, dresser les courgettes émincées et sautées, coucher les médaillons de veau et napper de sauce. Servir aussitôt.

Note: *Déglacer*

Mouiller d'un liquide quelconque le fond de la casserole où une viande vient de cuire pour y faire dissoudre les sucs et obtenir ainsi un concentré de jus.

Réduire à sec

Diminuer le volume du liquide jusqu'à évaporation presque complète.

Ris de veau aux endives

pour 4 personnes

1 kg	(2 lb) de ris de veau
50 g	(2 oz) de beurre
350 g	(12 oz) de carottes
350 g	(12 oz) d'oignon
150 g	(5 oz) de blancs de poireaux
2	tomates fraîches concassées
50 mL	(¼ tasse) de madère
400 mL	(1⅔ tasse) de fond de volaille (voir p. 14)
200 mL	(¾ tasse) de crème 35%
500 mL	(1 lb) d'endives fraîches
	sel et poivre

Mettre les ris de veau à dégorger dans un récipient, en renouvelant l'eau 4 ou 5 fois, c'est-à-dire les faire tremper dans l'eau froide pendant 2 à 4 heures, afin qu'ils deviennent très blancs.

Pendant ce temps, éplucher et tailler en petits dés de 1 cm (½ po) de côté les carottes, l'oignon et les blancs de poireaux qui serviront pour la garniture ainsi que les tomates concassées.

Débarrasser les ris de veau de leurs parties nerveuses et cartilagineuses, c'est-à-dire retirer la petite peau qui enveloppe les ris.

Faire chauffer les 50 g (2 oz) de beurre dans une grande cocotte. Y déposer les ris de veau assaisonnés de sel et poivre fraîchement moulu. Les faire colorer doucement sur toutes leurs faces pendant 10 minutes. Ajouter les légumes de la garniture.

Verser les 50 mL (¼ tasse) de madère, les 400 mL (1⅔ tasse) de fond de volaille. Laisser bouillir doucement avec un couvercle pendant 20 à 30 minutes selon la grosseur des ris. Une dizaine de minutes avant la fin de cuisson, émincer les endives et les ranger tout autour des ris de veau.

La cuisson étant terminée, sortir d'abord les ris que l'on réservera entre deux assiettes chaudes, puis les légumes que l'on gardera au chaud aussi.

Verser la crème et laisser réduire en bouillant pendant une dizaine de minutes jusqu'à l'obtention d'une sauce onctueuse. Rectifier l'assaisonnement s'il y a lieu.

Partager les légumes sur quatre assiettes, disposer les ris de veau sur le tout et napper de sauce. Servir aussitôt.

Rognon de veau à la crème d'échalotes

pour 2 personnes ——————————————————————

1	rognon de veau
60 mL	(4 c. à soupe) de madère
200 mL	(¾ tasse) de crème 35%
20 g	(1½ c. à soupe) de beurre
2	échalotes grises hachées (françaises)
	sel et poivre

Couper le rognon en deux, le débarrasser de toute sa graisse. Le couper en petits morceaux de la grosseur d'une olive.

Éplucher et hacher très fin les échalotes.

Faire chauffer le beurre dans une poêle à grand feu. Jeter les morceaux de rognons dans celle-ci pendant 3 minutes. Les saisir pour qu'ils ne durcissent pas, les retourner et les colorer vivement. Les mettres à égoutter dans une passoire pour qu'ils perdent leur eau.

Pendant ce temps, dans la même poêle, mettre les échalotes hachées. Les faire revenir, déglacer (voir p. 73) au madère, puis verser la crème. Faire bouillir le tout jusqu'à ce que le mélange devienne onctueux. Saler et poivrer.

Remettre les rognons dans la sauce et laisser bouillir le tout pendant 3 à 5 minutes pour parfaire la cuisson. Servir très chaud.

Tournedos de veau
à la graine de moutarde

pour 4 personnes —————————————————————————

1	morceau de veau de 600 à 800 g (1½ lb), taillé dans la longe, entièrement dégraissé et dénervé
1	branche de céleri
½	oignon
4 ou 5	champignons
1	petite carotte
	sel et poivre
	thym
2	tranches de foie gras (facultatif)
60 g	(2½ oz) de beurre
100 mL	(⅓ tasse) de fond de veau (voir p. 13)
100 mL	(⅓ tasse) de vin blanc
150 mL	(⅔ tasse) de crème 35 %
30 mL	(2 c. à soupe) de moutarde de Meaux

Tailler tous les légumes en mirepoix (petits dés de 5 mm (¼ po) de côté.

Mettre 15 mL (1 c. à soupe) de beurre dans une sauteuse et faire revenir à feu moyen sans colorer, successivement les carottes, le céleri, l'oignon et enfin les champignons pendant 5 à 7 minutes. Assaisonner de sel, de poivre et de thym. Laisser refroidir.

Couper votre morceau de viande en 4 tranches identiques. Ouvrir chaque tranche en 2, dans le sens de l'épaisseur, assaisonner modérément l'intérieur et farcir avec la garniture de légumes, plus une demi-tranche de foie gras. Assaisonner les tournedos de sel et poivre sur les 2 faces.

Faire chauffer et blondir 40 g (1½ oz) de beurre dans la sauteuse et y déposer les tournedos. Faire cuire à feu moyen, 4 à 5 minutes de chaque côté. Réserver.

→

Déglacer (voir p. 73) avec le vin blanc, le fond de veau et la crème. Ajouter 30 mL (2 c. à soupe) de moutarde de Meaux. Laisser épaissir.

Dresser vos tournedos dans un plat de service, napper de sauce et servir aussitôt.

Aiguillettes de canard
au vinaigre de framboises

pour 2 personnes ————————————————————————

1	canard femelle de 2 kg (4 lb)
2	pommes
100 mL	(⅓ tasse) de fond de volaille ou demi-glace (voir p. 14)
60 mL	(4 c. à soupe) de vinaigre de framboises
2 mL	(1 c. à café) de gelée de framboises
2	échalotes hachées
1	mirepoix (½ carotte, ¼ oignon et ½ branche de céleri taillés en petits dés de 5 mm (¼ po)

Détacher toute la chair de poitrine en insérant un couteau très tranchant de chaque côté de l'os médian, ce qui donnera deux morceaux. Garder les cuisses pour une autre recette.

Saler les morceaux; dans un sautoir les faire colorer à feu vif, dans une noix de beurre, pendant deux ou trois minutes. Ajouter la mirepoix et mettre au four préalablement chauffé à 230°C (450° F), pendant 5 ou 6 minutes. La cuisson doit être rapide pour garder le canard saignant.

Égoutter le beurre de cuisson, jeter la graisse, enlever les morceaux de canard et réserver au tiède. Ajouter les échalotes et faire revenir quelques secondes. Déglacer (voir p. 73) avec le vinaigre de framboises, le fond de volaille et la gelée de framboises. Laisser cuire pendant 10 minutes. Passer la sauce à travers une passoire, cette sauce doit avoir l'aspect d'un sirop.

Éplucher et couper les pommes en 8. Les faire colorer doucement dans une poêle avec un peu de beurre.

Escaloper le canard dans l'épaisseur en aiguillettes très fines. Les disposer en éventail sur les assiettes chaudes, les napper de la sauce et disposer dans le haut des assiettes, en demi-lune, les quartiers de pommes dorés. Servir très chaud.

Cailles aux gousses d'ail à la crème

pour 2 personnes

4	cailles d'élevage
1	tête d'ail
20 g	(1 ½ c. à soupe) de beurre
10 g	(2 c. à thé) de mousse de foie gras
30 mL	(2 c. à soupe) de brandy
125 mL	(½ tasse) de fond de volaille (voir p. 14)
	sel et poivre

Brider les cailles en repliant les pattes sur le ventre et en les fixant avec du fil à coudre. Les assaisonner de sel et de poivre.

Détacher les gousses d'ail sans retirer la peau.

Écraser la mousse de foie à l'aide d'une fourchette pour en obtenir une pommade lisse.

Chauffer le beurre dans une sauteuse, y ranger les cailles et les faire colorer doucement en les retournant sur toutes les faces.

Les entourer de gousses d'ail, les enfourner dans un four préalablement chauffé à 220°C (425°F) et les laisser cuire 15 minutes en les arrosant souvent avec le jus de la cuisson.

Au terme de la cuisson les réserver au tiède.

Dans la même casserole, déglacer (voir p. 73) avec le cognac et le fond de volaille. Mélanger la mousse de foie au liquide et laisser bouillir quelques minutes.

Enlever le fil des cailles. Les couper en deux et les mettre à mijoter dans la sauce 2 ou 3 minutes. Disposer les cailles, dans deux assiettes, les gousses d'ail tout autour et napper de sauce. Servir aussitôt.

Pintade au vinaigre d'estragon

1	pintade
20 g	(1½ c. à soupe) de beurre
50 mL	(¼ tasse) de vinaigre d'estragon
2	tomates fraîches, épépinées et concassées
20	gousses d'ail non épluchées
	thym et laurier
	sel et poivre
250 mL	(1 tasse) de fond de volaille (voir p. 14)
150 mL	(⅔ tasse) de crème 35%

Découper la pintade: avec un couteau détacher les cuisses, séparer le pilon du gras de cuisse. Enlever les ailes en laissant une bonne part de chair tout le long du bréchet. Couper les ailerons à la 2e jointure. Couper la poitrine en deux sur la longueur. Assaisonner tous les morceaux de sel et poivre.

Prendre une sauteuse assez large pour que les morceaux ne se chevauchent pas. Poser sur le feu vif, faire fondre 10 g (1½ c. à soupe) de beurre et mettre la pintade découpée côté peau en dessous, sans couvrir.

Au bout de 5 à 7 minutes, retourner les morceaux et les laisser colorer sur l'autre face. Ajouter l'ail non épluché, couvrir et laisser cuire 25 minutes puis dégraisser.

Verser le vinaigre et laisser réduire de moitié. Ajouter les deux tomates concassées, le thym et le laurier. Recouvrir et laisser cuire 15 minutes.

Retirer la pintade et ajouter 250 mL (1 tasse) de fond de volaille. Amener à ébullition et laisser réduire de moitié. Verser 150 mL (⅔ tasse) de crème 35%. Si la sauce est trop liquide, vous pouvez y adjoindre un ou deux cubes de beurre très froid pour la lier.

Dresser vos morceaux de pintade sur les assiettes et napper de sauce. Servir aussitôt.

Poulet au vinaigre d'estragon

pour 4 personnes

1	poulet
80 g	(3½ oz) de beurre
50 mL	(¼ tasse) de vinaigre d'estragon
2	tomates fraîches
15	gousses d'ail en chemise (avec la peau)
1	carotte
1	oignon
	thym et laurier
	sel et poivre

Couper le poulet en huit morceaux. Assaisonner les morceaux de sel et poivre.

Faire le fond blanc avec la carcasse, les ailerons, le cou, la carotte et l'oignon. Les recouvrir juste à hauteur d'eau, laisser cuire 30 minutes et passer ce fond à travers un tamis.

Prendre une sauteuse assez large pour que les morceaux ne se chevauchent pas. Poser sur le feu, faire fondre 10 g (2 c. à thé) de beurre, mettre le poulet découpé côté peau en dessous, sans couvrir.

Au bout de 5 minutes, retourner les morceaux et les laisser colorer sur l'autre face. Ajouter l'ail en chemise, couvrir et laisser cuire 20 minutes. Enlever l'excédent de gras. Déglacer (voir p. 73) au vinaigre, laisser réduire et ajouter les tomates fraîches, le laurier et le thym. Recouvrir et laisser cuire 10 minutes.

Retirer le poulet et mouiller avec le fond blanc. Laisser réduire de moitié.

Passer à l'étamine en pressant fortement sur l'ail en chemise. Ajouter les 70 g (3 oz) de beurre froid restant en battant vigoureusement avec un fouet, pour que la sauce devienne onctueuse.

Dans un plat, dresser les morceaux de poulet et napper de sauce. Servir aussitôt.

Poulet de grain au gruyère

pour 4 personnes ————————————————

1	poulet de grain
45 mL	(3 c. à soupe) de beurre
150 g	(5 oz) de gruyère râpé

Bouillon

	ailerons et cou du poulet
2	petites carottes
2	petits oignons
1	poireau
1	branche de céleri
1	gousse d'ail
1	feuille de laurier
	une pincée de thym
1	clou de girofle
2 L	(8 tasses) d'eau
	sel et poivre

Sauce

37 mL	(2½ c. à soupe) de beurre
45 mL	(3 c. à soupe) rase de farine
2	jaunes d'oeufs
100 mL	(⅓ tasse) de crème 35%
	jus de citron

Dans une casserole, faire un bouillon avec les ingrédients indiqués et lui donner 25 minutes d'ébullition. Laisser tiédir. Ajouter le poulet, couvrir et le faire cuire 40 minutes à feu moyen.

Retirer le poulet, le couper en quatre, puis enlever les os.

Faire réduire le bouillon d'un tiers. Le filtrer à travers une passoire et le dégraisser.

$\rightarrow$

Mettre à fondre le beurre et ajouter la farine en brassant pendant 2 ou 3 minutes. Mouiller avec le bouillon réduit et amener à ébullition. Puis y verser les jaunes d'oeufs délayés dans la crème. A la première ébullition, retirer du feu. Rectifier l'assaisonnement et ajouter un mince filet de jus de citron. Laisser tiédir.

Dans un plat allant au four, mettre les quarts de poulet. Napper avec la sauce et recouvrir de fromage râpé. Mettre le plat dans un four préchauffé à 200°C (400°F) et faire dorer. Le poulet devra être servi bien doré.

Lapin sauté à la crème d'estragon

pour 4 personnes

1	lapin de 1,5 kg (3 lb)
100 g	(4 oz) d'échalotes
250 mL	(1 tasse) de vin blanc sec
500 mL	(2 tasses) de fond de volaille (voir p. 14)
50 g	(2 oz) de beurre
200 mL	(¾ tasse) de crème 35%
1	gousse d'ail
50 mL	(¼ tasse) d'huile d'olive (si possible)
	thym et laurier
	2 branches d'estragon
	sel, poivre fraîchement moulu

Hacher finement les échalotes. Couper le lapin en plusieurs morceaux. Mettre à chauffer dans une cocotte le beurre et l'huile. Assaisonner les morceaux de lapin avec le sel et le poivre. Faire colorer le lapin sur chaque face dans la matière grasse, pendant 3 ou 4 minutes.

Égoutter la graisse. Ajouter les échalotes, faire suer quelques minutes sur feu doux, puis mouiller avec le vin blanc et laisser réduire de moitié. Ajouter le fond de volaille, 1 feuille de laurier, quelques brindilles de thym, l'estragon et l'ail.

Cuire couvert entre 35 et 45 minutes selon la tendreté de votre lapin. Quand celui-ci est cuit, sortir les morceaux les réserver.

Faire réduire de moitié le jus de cuisson, ajouter ensuite la crème et faire réduire jusqu'à ce que la sauce devienne onctueuse. Vérifier l'assaisonnement. Mélanger vos morceaux de lapin à la sauce.

Vous pouvez servir ce lapin avec des fettucine (voir p. 121).

Poissons
et crustacés

Cassolette de crevettes homardière

pour 4 personnes ———————————————————————————

32	grosses crevettes fraîches (si possible)
30 g	(1½ oz) de beurre
30 mL	(2 c. à soupe) de brandy français
250 mL	(1 tasse) de sauce coulis de homard (voir p. 24)
125 mL	(½ tasse) de crème 35%
	sel et poivre

Garniture

1	petite carotte cuite tranchée en rondelles
1	poignée de maïs en grains, en conserve, ou frais mais cuit au préalable
	5 ou 6 feuilles d'estragon hachées

Décortiquer les crevettes. Les faire colorer dans le beurre très chaud pendant 3 ou 4 minutes. Saler et poivrer. Flamber au brandy.

Verser la sauce coulis de homard et la crème. A la première ébullition, retirer les crevettes et réserver.

Mettre les légumes et l'estragon et laisser cuire pendant 5 ou 6 minutes jusqu'à ce que la sauce devienne onctueuse.

Remettre les crevettes et faire chauffer pendant 2 ou 3 minutes. Servir aussitôt avec un riz pilaff.

Fricassée de homard aux petits légumes

pour 2 personnes ────────────────────

1	homard vivant de 750 g (1 ½ lb)
30 mL	(2 c. à soupe) de brandy
200 mL	(¾ tasse) de vin blanc
125 mL	(½ tasse) de fumet de poisson (voir p. 15)
1	tomate fraîche
2 mL	(1 c. à café) de pâte de tomate
1	échalote séchée
½	carotte
50 mL	(4 c. à soupe) de crème 35 %
40	(1 ½ oz) de beurre
50 mL	(4 c. à soupe) d'huile d'olive (si possible)
	sel et poivre

Légumes de la garniture

25 g	(1 oz) de haricots verts
40 g	(1 ½ oz) de maïs
1	pomme de terre
1	carotte
1	petit navet

Fendre le homard en deux sur la longueur. Retirer l'estomac et mettre de côté l'intestin (boyau de couleur verdâtre). Détacher les deux pinces et les fendre en deux.

Tailler l'échalote et la ½ carotte mirepoix (petits cubes). Cuire les haricots verts et le maïs croquant dans de l'eau bouillante pendant quelques minutes.

Façonner en forme de gousses d'ail, ou couper en petits cubes les légumes de la garniture: carotte, petit navet et pomme de terre. Les cuire à l'eau salée pendant 5 à 7 minutes. Éplucher la tomate et la couper en 4.

Dans une sauteuse, faire revenir le homard à feu vif avec l'huile, côté chair dans le fond de la casserole, pendant 5 minutes. Ajouter les légumes de la mirepoix. Arroser de cognac. Flamber avec une allumette. Joindre le vin blanc, le fumet de poisson, la tomate fraîche et la pâte de tomate. Porter à ébullition et cuire pendant 15 minutes. Retirer les morceaux de homard.

Écraser dans un bol l'intestin et les 40 g (1½ oz) de beurre. Mélanger ces ingrédients. Ajouter cette liaison à la sauce qui doit prendre une couleur vermillon, joindre la crème et laisser bouillir 3 minutes. Vérifier l'assaisonnement et passer au tamis.

Dresser votre homard sur une assiette tiède, napper de sauce et parsemer des légumes de la garniture. Servir très chaud.

Feuilletés de langoustines à la tomate fraîche

pour 4 personnes ——————————————————————

250 g	(9 oz) de pâte feuilletée
5	tomates moyennes
200 g	(7 oz) d'épinards en branches
24	langoustines
300 mL	(1 ¼ tasse) de vin blanc
1	échalote hachée
300 g	(14 oz) de beurre
	sel et poivre au goût
½	oignon
1	gousse d'ail
1	feuille de laurier
1	jaune d'oeuf
1	noix de beurre

Les tomates

Plonger les tomates dans l'eau bouillante pour en enlever la peau. Les couper en deux, les épépiner et les concasser. Faire fondre le beurre dans une sauteuse et faire dorer légèrement l'oignon haché. Ajouter les morceaux de tomates, l'ail haché, la feuille de laurier. Saler et poivrer. Faire mijoter 8 à 10 minutes. Réserver.

Les feuilletés

Badigeonner au pinceau les carrés de pâte feuilletée avec le jaune d'oeuf. Les faire lever environ 15 minutes dans un four préchauffé à 190° C (375° F).

Les langoustines

Mettre le vin blanc dans une casserole avec l'échalote hachée. Saler et poivrer. Porter à ébullition.

Plonger les langoustines une à une dans le vin blanc et les cuire 30 secondes de chaque côté. Les retirer et les réserver.

Poursuivre l'ébullition du vin blanc. Jeter les morceaux de beurre très froid dans celui-ci et fouetter pour que le mélange épaississe.

Parfumer, si désiré, d'un filet de citron. Réserver au chaud.

Dans une casserole, faire fondre une noix de beurre, y jeter les épinards et laisser cuire de 2 à 3 minutes. Saler et poivrer.

Montage des feuilletés

Découper un couvercle à vos feuilletés et déposer l'autre partie dans le fond des assiettes. Disposer les épinards tout autour de ceux-ci. Remplir l'intérieur de tomates. Poser les langoustines dessus. Napper le tout de sauce. Coiffer avec l'autre partie du feuilleté et servir aussitôt.

Noix de pétoncles au cresson

pour 4 personnes ──────────────────────────────

600 g	(1 ¼ lb) de pétoncles
1	paquet de cresson
½	citron
150 mL	(¾ tasse) de vin blanc sec
200 mL	(¾ tasse) de crème fraîche 35 %
	sel et poivre

Couper les queues du cresson à la base des feuilles. Laver celles-ci et cuire une minute dans l'eau bouillante bien salée. Égoutter le cresson et le passer au mélangeur pour obtenir une purée bien lisse.

Dans une casserole, verser le vin blanc avec du sel et du poivre et porter à ébullition. Ajouter les pétoncles et laisser cuire 3 ou 4 minutes. Retirer les pétoncles et réserver au tiède.

Verser la crème et laisser réduire de moitié. On doit obtenir une sauce onctueuse mais peu épaisse. Retirer du feu et incorporer le cresson en purée, remuer.

Ajouter les pétoncles pour les réchauffer. Verser quelques gouttes de citron pour donner un peu de caractère à votre sauce.

Servir dès que les pétoncles vous semblent assez chauds.

Pétoncles au coulis de homard

pour 4 personnes

600 g	(1 ¼ lb) de pétoncles
100 mL	(⅓ tasse) de crème 35 %
60 mL	(¼ tasse) de vin blanc
1	échalote française

Coulis de homard

1	homard de 750 g (1 ½ lb)
30 mL	(2 c. à soupe) d'huile d'olive
15 mL	(1 c. à soupe) de pâte de tomate
¼ L	(1 tasse) de vin blanc
¾ L	(3 tasses) de fumet de poisson (voir p. 15)
2	gousses d'ail
1	carotte
½	oignon
	quelques gouttes de cognac
1	feuille de laurier
	sel et poivre

Élément de liaison

50 g	(2 oz) de beurre ramolli
15 mL	(1 c. à soupe) de farine
	le corail et/ou intestin du homard

Pour la préparation du coulis de homard voir les instructions de la *sauce coulis de homard* à la page 24.

Dans une sauteuse, mettre le vin blanc et l'échalote hachée et porter à ébullition. Ajouter les pétoncles dans le vin blanc bouillant et faire cuire 2 ou 3 minutes.

Les enlever et les disposer sur chaque assiette. Les napper de coulis de homard et servir aussitôt.

Noix de Saint-Jacques au poireau

pour 4 personnes

1	petit poireau
20	grosses pétoncles
300 mL	(1¼ tasse) de vin blanc
¼ L	(1 tasse) de crème 35%
1	échalote hachée
	sel et poivre

Émincer finement le poireau. Dans une casserole, mettre une noix de beurre, ajouter le poireau, couvrir et le faire cuire à l'étuvée doucement pendant 2 ou 3 minutes. Couper les pétoncles en deux dans le sens de l'épaisseur.

Dans une sauteuse, mettre le vin blanc à bouillir avec l'échalote hachée, saler et poivrer. Ajouter la moitié des pétoncles et les y laisser à peine deux minutes, puis les retirer. Recommencer cette opération pour l'autre moitié. Réserver dans une assiette.

Ajouter la crème au jus de cuisson, laisser réduire jusqu'à l'obtention d'une sauce onctueuse. Mettre les poireaux émincés et les pétoncles. Bien mélanger et servir aussitôt dans quatre assiettes tièdes.

Fricassée de homard aux petits légumes

Feuilleté de langoustines à la tomate fraîche

Noix de Saint-Jacques aux poireaux

Papillotes de truites saumonées à l'ail confit

Sorbets

Gratin de pamplemousses

Le Parlement

Tarte chaude et crème «habitant»

Assiette gaspésienne sauce citron

pour 4 personnes

500 g	(1 lb) de lotte
500 g	(1 lb) de filets de sole
2	homards de 500 g (1 lb)
12	pétoncles
1	carotte coupée en julienne (petits bâtonnets)
½	concombre coupé en julienne
1	citron
250 mL	(1 tasse) de fumet de poisson (voir p. 15)
1	échalote hachée
125 mL	(½ tasse) de crème 35%

Mettre 2 litres (2 pintes) d'eau dans un couscoussier ou une cocotte pression, saler et amener à ébullition. Mettre les 2 homards dans le fond de la cocotte, et laisser cuire 5 minutes. Les retirer et réserver au chaud.

Dans une marguerite, étendre la julienne de carotte et concombre par-dessus la lotte tranchée très mince, les filets de sole et le zeste d'un citron préalablement blanchi. Faire cuire pendant 10 minutes, sur feu vif, au-dessus de la cocotte qui a servi à cuire les homards.

Dans une sauteuse, mettre le fumet de poisson et l'échalote hachée, puis y bouillir les pétoncles pendant 2 minutes.

Les retirer et les réserver. Réduire le liquide de moitié, incorporer la crème, puis faire mijoter pendant une dizaine de minutes. Ajouter le jus du citron.

Disposer dans chaque assiette un demi-homard, une pince décortiquée, les pétoncles, le poisson, les petits légumes et napper avec la sauce. Vous pouvez servir avec des feuilles d'épinards au beurre.

Poisson au beurre blanc

pour 6 personnes ────────────────────────

J'ai préparé cette recette pour les amateurs de pêche, lorsqu'ils reviennent d'une excursion avec un gros poisson!

1	poisson de 2½ à 3 kg (5 à 6 lb)
2 ou 3	citrons historiés (coupés en dents de loup)
	persil
	fumet de poisson (voir p. 15)

Vider et parer le poisson pour la cuisson. Dans une grande marmite amener le fumet à ébullition, y plonger le poisson et faire cuire environ 15 à 20 minutes, à partir du moment où le fumet recommence à mijoter doucement. Retirer du feu et laisser tiédir dans le jus de cuisson.

Vous pouvez également le faire griller au four.

Présenter le poisson dans un plat ovale, garni de persil et de quelques citrons, accompagné de la sauce suivante:

La sauce

200 mL	(¾ tasse) de vinaigre blanc
15 mL	(1 c. à soupe) de poivre blanc concassé (écrasé en petits morceaux)
3	échalotes grises hachées (françaises)
600 g	(1¼ lb) de beurre très froid coupé en petits morceaux
	sel
	jus de citron

Dans une petite casserole, mettre les échalotes, le poivre, le sel et le vinaigre. Faire réduire jusqu'à évaporation presque complète sur feu vif. Puis, sur feu modéré, ajouter le beurre par morceaux, en battant sans arrêt avec un fouet et en ajoutant continuellement du beurre à mesure qu'il fond. Procéder rapidement, sans cesser de battre au fouet jusqu'à ce que tout le beurre soit fondu. Cette sauce sera mousseuse. Rectifier l'assaisonnement, mettre un filet de jus de citron et servir en saucière.

Filets d'aiglefin au concombre

4	filets d'aiglefin
250 mL	(1 tasse) de vin blanc
250 mL	(1 tasse) de crème 35%
1	concombre
1	tomate
2	échalotes
¼	de citron
	persil
	sel et poivre

Couper le concombre en deux, le peler et le tailler en fines lamelles, sur les 4 faces, jusqu'aux premières graines. Le couper ensuite en julienne (en petits bâtonnets).

Hacher l'échalote finement. Peler la tomate et la couper en petits cubes réguliers.

Beurrer un plat, déposer l'échalote, assaisonner les filets et les ranger les uns à côté des autres. Mouiller avec le vin blanc. Couvrir avec du papier ciré, et faire bouillir pendant 5 ou 6 minutes.

Au terme de la cuisson, verser le jus de cuisson du poisson dans une casserole et laisser réduire de trois quarts. Ajouter la crème et amener à ébullition pour réduire de nouveau la sauce. Laisser mijoter jusqu'à ce que la sauce devienne onctueuse et qu'elle nappe facilement vos filets. Assaisonner de sel, de poivre et du jus d'un quart de citron.

Plonger la julienne de concombres dans une casserole d'eau bouillante pendant une minute. Les égoutter et les ajouter à la sauce. Ajouter aussi les cubes de tomates.

Disposer vos filets de poisson sur chaque assiette, les napper avec la sauce et parsemer de petits légumes. Saupoudrer de persil haché et servir aussitôt.

Quenelles de brochet

pour 10 personnes —————————————————————————

Cette recette vous paraîtra compliquée mais, en réalité, elle ne l'est pas. C'est une vieille recette lyonnaise. Elle se divise en quatre parties.

1re partie : la panade

250 mL   (1 tasse) de lait
225 g   (8 oz) de farine
  3   jaunes d'oeufs
 50 g   (2 oz) de beurre
         sel et poivre

2e partie : le poisson

600 g   (1 ¼ lb) de chair de brochet
  3   blancs d'oeufs
         sel et poivre

3e partie : la préparation

  6   oeufs entiers
450 g   (1 lb) de beurre, ramolli à la température de la pièce

4e partie : la finition

  3   oeufs entiers

La panade : faire chauffer le lait. Ajouter le beurre, le sel et le poivre et amener à ébullition. Ajouter la farine et travailler à la spatule en bois, en remuant constamment jusqu'à ce que la pâte se détache de la casserole.

Introduire un par un les trois jaunes d'oeufs et bien mélanger. Réserver.

Le poisson : faire enlever les arêtes et la peau du brochet par le poissonnier.

Récupérer vos 600 g (1 ¼ lb) de chair hachée très fin. Mélanger au malaxeur avec les blancs d'oeufs ajoutés un par un. Saler et poivrer.

→

La préparation : mélanger la panade (c'est-à-dire la 1re opération) à la deuxième opération, toujours à l'aide de votre malaxeur, puis introduire un par un les 6 oeufs entiers. Cette opération étant terminée, ajouter le beurre ramolli et mélanger le tout jusqu'à l'obtention d'une pâte homogène. Laisser reposer le tout une journée.

La finition : le lendemain avant de la faire cuire, mélanger 3 oeufs entiers à cette préparation. Faire de petites quenelles à l'aide de deux cuillères à soupe*.

Laisser cuire 20 minutes à l'eau frémissante. Rafraîchir sous l'eau froide et réserver. Vous pouvez servir les quenelles avec une sauce coulis de homard crémée (voir p. 24). Faire gonfler au four à 200°C (400°F) pendant 15 à 20 minutes. Servir aussitôt à la sortie du four.

*Pour vous faciliter la tâche, utiliser une cuillère à crème glacée.

Flétan au concombre

800 g	(1 lb 12 oz) de filets de flétan, environ 200 g (7 oz) par personne
1	concombre
1	poireau
1	carotte
400 mL	(1⅔ tasse) de vin blanc
1	échalote hachée
125 mL	(½ tasse) de crème 35%
	ciboulette fraîche
150 g	(5 oz) de beurre coupé en morceaux
250 mL	(1 tasse) de fumet de poisson (voir p. 15)
	sel et poivre

Faire cuire les filets dans le fumet de poisson additionné de 250 mL (1 tasse) de vin blanc pendant 4 ou 5 minutes. Dès qu'ils sont cuits, les égoutter et les mettre de côté. Faire réduire le liquide jusqu'à ce qu'il reste à peu près 125 mL (½ tasse) de liquide. Réserver.

Éplucher le concombre, le couper en deux dans le sens de la longueur. Enlever les pépins et tailler la chair en forme de petits bâtonnets. Dans une casserole, mettre 50 g (2 oz) de beurre, les morceaux de concombre et un demi-verre d'eau. Cuire à feu moyen 10 minutes puis égoutter.

Éplucher la carotte. Couper le poireau en fines rondelles. Mettre une noix de beurre dans la casserole, l'échalote hachée, 150 mL (⅔ tasse) de vin blanc, les légumes et couvrir d'eau. Dès les premiers bouillons, égoutter les légumes.

Dans une sauteuse, mettre les filets de flétan, le fumet réduit, les légumes et terminer la cuisson en faisant mijoter 5 minutes à feu doux. Retirer le poisson, ajouter la crème fraîche et laisser bouillir quelques instants. Incorporer les 150 g (5 oz) de beurre coupé en morceaux et mélanger le tout. Rectifier l'assaisonnement. Dresser les filets sur chaque assiette, parsemer de légumes et napper avec la sauce. Juste avant de servir, saupoudrer de ciboulette hachée.

Médaillons de lotte
à l'émincé d'endives

800 g   (1 lb 12 oz) de lotte parée
          (c'est-à-dire sans arête et sans peau)
15 mL   (1 c. à soupe) d'huile d'olive
200 g   (7 oz) de beurre
150 mL   (⅔ tasse) de vin blanc
250 mL   (1 tasse) de crème 35%
500 g   (1 lb) d'endives
200 mL   (¾ tasse) de fumet de poisson (voir p. 15)
          sel et poivre fraîchement moulu

Laver les endives, les émincer très finement puis les faire revenir dans 50 g (2 oz) de beurre, à feu doux, pendant 15 à 20 minutes.

Assaisonner, verser la crème, porter à ébullition. Réserver au chaud.

Verser l'huile dans une sauteuse avec 50 g (2 oz) de beurre, mettre à chauffer. Poser la lotte préalablement salée et poivrée, faire colorer, cuire dans un four préchauffé à 230°C (450°F) pendant une dizaine de minutes.

Au terme de cette cuisson, enlever la lotte et mouiller le plat avec le vin blanc et le fumet, laisser réduire de moitié, ajouter le restant du beurre coupé en morceaux en fouettant énergiquement.

Découper la lotte en médaillons. Partager les endives émincées sur quatre assiettes, y disposer les médaillons et napper de sauce. Garder la moitié de la sauce pour servir en saucière. Servir très chaud.

Omble de l'Arctique au beurre

pour 4 personnes

1	omble de 1,2 kg (2¾ lb)
180 g	(6 oz) de beurre
	jus d'un demi-citron
	sel et poivre
	lait
	farine

Nettoyer le poisson et le couper en tranches (darnes). Les tremper dans du lait, les égoutter, les passer dans la farine et les saler.

Dans une cocotte, faire fondre la moitié du beurre et dès qu'il est mousseux y mettre les tranches d'omble. Faire cuire à petit feu les morceaux de poisson pendant 5 à 6 minutes de chaque côté. Réserver au chaud.

Au terme de la cuisson, jeter le beurre qui se trouve dans la cocotte et le remplacer par l'autre moitié. Faire fondre ce beurre et dès qu'il devient mousseux ajouter le jus d'un demi-citron.

Dresser le poisson sur des assiettes chaudes, arroser de beurre et donner quelques tours de moulin à poivre. Servir aussitôt.

Aile de raie aux huîtres

────────────────────────────

4	morceaux de raie (la choisir très fraîche, sinon elle n'est pas comestible, elle goûte l'ammoniaque)
250 mL	(1 tasse) de vin blanc
250 mL	(1 tasse) de fumet de poisson (voir p. 15)
2	échalotes hachées
	sel et poivre

Pour la sauce

250 mL	(1 tasse) de crème 35%
3	jaune d'oeufs
45 mL	(3 c. à soupe) d'eau froide

Pour la garniture

12	huîtres fraîches (si possible)
500 g	(1 lb) de brocoli
1	carotte coupée en rondelles et cuite *al dente*

Ouvrir les huîtres. A l'aide d'une cuillère à café, détacher la chair des huîtres de leurs coquilles, en se tenant au-dessus d'une passoire et d'un bol, pour récupérer leur jus, qui servira pour la sauce. Réserver.

Laver à grande eau froide les raies. Mettre les morceaux de raie dans le fond d'une sauteuse, recouvrir avec le fumet et le vin blanc, le jus des huîtres et les échalotes hachées. Saler et poivrer. Porter à ébullition, couvrir puis baisser la température, afin que le liquide frémisse pendant 10 à 12 minutes, selon la grosseur des raies.

Au terme de la cuisson, à l'aide d'une écumoire à manche, retirer délicatement les morceaux de raie, les mettre sur un linge pour les égoutter. A l'aide d'un petit couteau, enlever délicatement la peau brune et réserver au tiède sur la porte ouverte de votre four.

Préparation de la sauce

Faire bouillir à découvert, à feu vif, le bouillon de cuisson des raies. Laisser réduire de moitié.

Ajouter la crème et laisser réduire de nouveau de moitié.

Mélanger ensemble les jaunes d'oeufs et l'eau froide dans un récipient et fouetter une minute jusqu'à ce que l'on obtienne une préparation mousseuse. Verser ce mélange en continuant de fouetter dans la sauce bouillante. Le jaune d'oeuf fouetté se coagule au contact de la chaleur, ce qui sert de facteur de liaison. Éloigner aussitôt du feu et ajouter les huîtres.

Disposer les raies sur quatre assiettes. Napper de sauce aux huîtres. Faire une fleur à l'aide des rondelles de carotte. Ajouter un morceau de brocoli, préalablement cuit à l'eau, avec un morceau de beurre.

Escalopes de saumon à la ciboulette (recette inspirée des Troisgros)

pour 4 à 6 personnes

Je recommande vivement de prendre du saumon frais pour composer cette recette.

Préparation des escalopes

Acheter un morceau de saumon de 1,5 kg (3 lb), de préférence dans la partie du centre.

A plat sur votre planche de travail, avec un couteau tranchant, lever les filets, c'est-à-dire glisser votre couteau au-dessus de l'arête centrale en le tenant bien à plat. Lorsque cette opération est terminée, enlever l'arête en glissant votre couteau en dessous de celle-ci. Enlever à la pince à épiler les petites arêtes qui se trouvent dans la chair du poisson, en remontant à contresens avec les doigts.

Ceci vous donne donc deux filets. Les mettre à plat, côté peau sur la table, glisser entre la chair et la peau votre lame de couteau pour enlever celle-ci. Cette opération étant terminée, couper les deux filets en deux, puis dédoubler chaque morceau en deux dans le sens de l'épaisseur. Cela vous donne donc 8 escalopes.

La sauce

Vous pouvez faire la recette de beurre blanc (voir p. 19). Mettre au dernier moment 30 mL (2 c. à soupe) de ciboulette fraîche hachée.

Cuisson

Je recommande une poêle en tefflon* car elle n'attache pas.

Faire chauffer la poêle, y mettre les escalopes pendant une vingtaine de secondes, puis retourner à l'aide d'une spatule en plastique et laisser cuire encore 10 à 15 secondes. La cuisson des escalopes doit se faire à la dernière minute.

Verser la sauce dans les assiettes chaudes, disposer dessus les escalopes et servir aussitôt.

Vous remarquerez que je n'ai pas assaisonné le saumon. J'ai voulu conserver intacte sa saveur.

---

*À défaut d'une poêle en tefflon, faire revenir dans du beurre.

Filet de sole aux crevettes du Saint-Laurent

pour 4 personnes ————————————————————————

A Québec, durant tout l'été, nous avons la chance de trouver au marché des crevettes fraîches de Sept-Îles, c'est pourquoi j'ai voulu vous présenter cette recette facile à réaliser. Mais, évidemment, si vous n'habitez pas Québec, vous pouvez les remplacer par des crevettes congelées.

8	filets de sole
300 mL	(1¼ tasse) de fumet de poisson (voir p. 15)
2	échalotes hachées
150 mL	(1⅔ tasse) de vin blanc
250 mL	(1 tasse) de crème 35%
500 g	(1 lb) de crevettes du Saint-Laurent décortiquées
	sel et poivre fraîchement moulu
1	jaune d'oeuf
	quelques branches de cerfeuil

Rouler les filets de sole et les disposer dans une casserole. Ajouter le fumet de poisson, le vin blanc, les échalotes hachées. Saler et poivrer. Cuire à couvert pendant 5 à 8 minutes. Au terme de la cuisson, retirer les filets et les disposer dans une assiette recouverte d'une autre assiette pour les garder au chaud.

Faire réduire de moitié le jus de cuisson et ajouter la crème 35%. Laisser cuire 5 ou 6 minutes. Ensuite mettre le jaune d'oeuf délayé auparavant dans 15 mL (1 c. à soupe) de crème. Arrêter la cuisson. Jeter vos crevettes décortiquées dans la sauce.

Dresser vos filets de sole dans un plat de service. Napper de sauce aux crevettes, parsemer de cerfeuil et servir aussitôt.

Sole à la menthe fraîche

pour 4 personnes

4	soles de Douvres
500 mL	(2 tasses) de crème 35%
100 g	(4 oz) de beurre
150 mL	(⅔ tasse) de vin blanc
200 mL	(¾ tasse) de fumet de poisson (voir p. 15)
100 g	(4 oz) de mie de pain
1	échalote hachée
	menthe fraîche
	sel et poivre

Enlever la peau brune des soles et les laver, puis assaisonner de sel et de poivre.

Rouler les soles dans 50 g (2 oz) de beurre fondu tiède et paner la peau blanche dans la mie de pain.

Dans le fond d'un plat, mettre la moitié du fumet et aligner les soles dedans, côté pané sur le dessus, en veillant à ce que le liquide ne vienne pas mouiller la mie de pain. Cuire 15 à 17 minutes dans un four préalablement chauffé à 220°C (425°F).

Après ce temps, sortir les soles du four et enlever les arêtes, en prenant soin de bien les reconstituer, côté mie de pain dessus.

Laisser réduire le vin blanc, le reste du fumet et l'échalote hachée, jusqu'à réduction complète. Ajouter la crème et amener à ébullition pour obtenir une sauce légèrement épaisse. En terminant, ajouter la menthe fraîche et lier la sauce avec le restant de beurre très froid.

Verser la sauce dans le fond de quatre assiettes et y déposer les soles. Servir aussitôt.

Papillotes de truites saumonées à l'ail confit

pour 4 personnes ────────────────────────

2	grosses truites saumonées ou 4 petites
400 g	(14 oz) d'ail
100 mL	(⅓ tasse) d'huile d'olive
	sel et poivre

Éplucher les gousses d'ail, les couper en deux dans le sens de la longuer et enlever le germe vert.

Faire chauffer l'huile et la verser hors du feu sur les gousses d'ail. Mélanger à l'aide d'une spatule et laisser confire pendant une heure environ.

Enlever les arêtes et la peau des truites. Sur quatre feuilles d'aluminium, faire un lit d'ail avec la moitié de la préparation que vous aurez déjà partagée en quatre, placer les filets de truite dessus, saler et poivrer. Recouvrir de nouveau avec le restant d'ail. Refermer les papillotes et faire cuire à four très chaud, 230 / 260° C (450 / 500° F), pendant 7 ou 8 minutes.

Servir à la sortie du four tel quel sur des assiettes tièdes.

Légumes
et
accompagnements

Gâteau d'aubergines

pour 4 personnes ──────────────────────────

```
  3      aubergines
125 mL   (½ tasse) de lait
  3      oeufs
         sel et poivre
```

Peler, trancher et saler les aubergines et les laisser dégorger pendant une heure sur un papier absorbant.

Les faire dorer dans l'huile bouillante à couvert pour éviter qu'elles ne se dessèchent. Les égoutter soigneusement et les passer au mélangeur électrique avec le lait, les oeufs, le sel et le poivre.

Verser la préparation dans un moule beurré et faire cuire au bain-marie, au four chauffé à 190°C (375°F), pendant 45 minutes.

Démouler, napper le gâteau d'un coulis de tomates (voir p. 20). Servir très chaud.

Marmelade de carottes confites

650 g   (1 lb 5 oz) de carottes
500 mL   (2 tasses) d'eau
500 g   (1 lb) de sucre
  2   citrons

Éplucher les carottes et les râper. Dans une casserole, mettre les carottes râpées et l'eau et les faire cuire pendant une vingtaine de minutes à feu doux.

Ajouter le sucre et continuer la cuisson à feu doux pendant 20 minutes, en prenant soin de couvrir la casserole. Les carottes doivent être parfaitement confites.

Verser les carottes dans un bol et ajouter le jus des deux citrons et le zeste d'un citron et bien mélanger. Laisser refroidir.

Soufflé au chou-fleur

pour 4 personnes ——————————————————————————

400 g	(14 oz) de chou-fleur
100 g	(4 oz) de gruyère râpé
4	jaunes d'oeufs
6	blancs d'oeufs
45 g	(1½ oz) de beurre
	sel, poivre, muscade

Faire cuire le chou-fleur à l'eau salée pendant 15 minutes. Après la première ébullition l'égoutter et le passer au mélangeur électrique. Mettre cette purée dans une casserole à feu doux avec une noix de beurre et une pincée de muscade. Vérifier l'assaisonnement. Lorsque le mélange est chaud, ajouter le gruyère et les jaunes d'oeufs.

Battre les blancs en neige. Mélanger le quart des blancs à la purée chaude, puis incorporer le reste avec précaution.

Verser la préparation dans des moules beurrés et farinés et cuire au four préalablement chauffé à 220°C (425°F) de 7 à 10 minutes.

Note: pour enlever l'excédent de farine dans les moules, les retourner sur la table en les tapotant.

Salade d'épinards

300 g   (10 oz) d'épinards frais
120 g   (4½ oz) de bacon coupé en dés
    4   oeufs pochés
          vinaigrette au goût
          vinaigre de vin

Laver soigneusement les épinards, tirer leurs côtes à rebours et les égoutter. Préparer une vinaigrette, puis faire pocher les oeufs dans de l'eau vinaigrée pendant cinq minutes.

Faire revenir les lardons dans une poêle. Lorsqu'ils sont cuits, jeter la graisse et déglacer avec un peu de vinaigre de vin.

Dans chaque assiette, disposer les épinards arrosés de vinaigrette, parsemer de lardons et couronner d'un oeuf mollet au dernier moment.

Confiture d'oignons au cassis

700 g   (1½ lb) d'oignons de couleur rougeâtre
100 g   (4 oz) de beurre
150 g   (5 oz) de sucre
            sel et poivre
100 mL   (⅓ tasse) de vinaigre de vin
 40 mL   (3 c. à soupe) de cassis en sirop
200 mL   (¾ tasse) de vin rouge

Éplucher et couper les oignons en fines rondelles.

Dans une casserole, faire fondre les 100 grammes de beurre, y mettre les oignons, saler, poivrer et saupoudrer de sucre. Mettre un couvercle.

Laisser cuire doucement une demi-heure à feu doux, en remuant de temps en temps.

Ensuite, ajouter le vinaigre, le cassis et le vin rouge. Laisser cuire de nouveau 30 minutes à découvert, en remuant toujours de temps en temps.

Retirer du feu dès que vous pensez que les oignons sont assez confits.

Gratin de pommes de terre

pour 6 personnes ───────────────────────────

1 kg   (2 lb 3 oz) de pommes de terre
250 mL   (1 tasse) de lait
250 mL   (1 tasse) de crème 35 %
   ½   gousse d'ail hachée très fin
          sel et poivre

Éplucher les pommes de terre et les laver.

Faire bouillir le lait et la crème avec le sel, le poivre et l'ail haché. Couper les pommes de terre en rondelles minces. Ne pas les relaver. Les mettre dans un plat à gratin beurré. Ajouter le liquide bouillant, mélanger le tout.

Cuir au four chaud, 190° C (375° F), pendant 35 à 45 minutes.

Servir dès la sortie du four.

Fettucine

500 g   (1 lb) de farine
10 g   (½ oz) de sel
15 mL   (1 c. à soupe) d'huile de pépins
2   oeufs entiers
2   jaunes d'oeufs
100 g   (4 oz) de semoule fine

Mélanger tous les ingrédients ensemble et les pétrir pour en obtenir une pâte homogène.

Laisser reposer 1 heure avant de l'employer.

Couper et mettre à blanchir pendant 8 à 10 minutes à l'eau bouillante additionnée de 15 mL (1 c. à soupe) d'huile.

Rafraîchir et réserver pour un accompagnement.

Croquettes de riz sauvage

45 g	(1½ oz) de jambon haché
60 g	(2½ oz) de beurre
20 g	(1½ c. à soupe) d'échalotes hachées
225 g	(8 oz) de riz sauvage cuit
45 mL	(¼ tasse) de vin blanc
225 mL	(1 tasse) de sauce béchamel (voir p. 23)
1	oeuf
	persil haché
	sel et poivre
	farine, chapelure

Après avoir fait revenir les échalotes dans le beurre, ajouter le jambon et le vin blanc et laisser réduire. Incorporer le riz cuit et faire sauter quelques instants, puis mélanger à la béchamel. Remettre sur le feu de 4 à 6 minutes, assaisonner et parsemer de persil haché.

Étaler la préparation sur une plaque rectangulaire. Laisser refroidir complètement, puis découper en carrés.

Passer les croquettes dans de la farine, l'oeuf battu et de la chapelure. Dès que cette opération est terminée, les plonger dans un bain de friture chaude pendant cinq minutes.

Desserts

Bavarois aux kiwis, sauce à l'orange

pour 6 personnes

¼ L	(1 tasse) de lait
80 g	(3½ oz) de sucre
3	jaunes d'oeufs
5	feuilles de gélatine (ou 2 sachets de gélatine en poudre)
¼ L	(1 tasse) de crème 35%
30 mL	(2 c. à soupe) d'anisette
2	kiwis

Faire bouillir le lait avec la moitié du sucre. Mélanger le restant du sucre avec les jaunes d'oeufs et fouetter énergiquement jusqu'à consistance d'un ruban.

Mélanger le lait bouilli à cette préparation et remuer jusqu'à ce qu'elle prenne une consistance épaisse (ne pas faire bouillir). Ajouter la gélatine en feuille qu'on aura fait tremper dans l'eau (pour la gélatine en poudre, l'incorporer directement).

Fouetter la crème et l'incorporer à la préparation. Parfumer cette crème avec l'anisette.

Éplucher les kiwis, les couper en morceaux et les incorporer à l'appareil.

Remplir des ramequins et garder au régrigérateur pendant 2 heures au moins.

Sauce à l'orange

½ L	(2 tasses) de jus d'orange
200 g	(7 oz) de sucre
	zeste d'une orange

Mettre à bouillir tous les ingrédients et faire réduire de moitié. Laisser refroidir.

Verser la sauce dans des assiettes, y disposer le bavarois, puis servir.

Bombe glacée à l'érable

185 mL   (¾ tasse) de sirop chaud (voir génoise p. 136)
   6   jaunes d'oeufs
250 mL   (1 tasse) de crème 35%
 50 mL   (¼ tasse) de sirop d'érable
 50 mL   (¼ tasse) de rhum
 30 g   (1½ oz) de noix

Dans un saladier, mettre les 6 jaunes d'oeufs et le sirop chaud. Battre énergiquement au fouet électrique, jusqu'à consistance d'un ruban. Mettre de côté.

Dans un bol, battre la crème jusqu'à consistance épaisse. Mélanger ces deux préparations en y incorporant le sirop d'érable, le rhum et les noix. Verser dans un moule beurré ou dans plusieurs ramequins jusqu'à la moitié. Ajouter la meringue et terminer avec le reste de la préparation.

Mettre au congélateur 2 heures avant de servir.

Meringue

   1   blanc d'oeuf
 40 g   (1½ oz) de sucre

Monter le blanc d'oeuf en neige avec les 40 g (1½ oz) de sucre jusqu'à consistance d'un ruban épais. Mettre la préparation dans une poche à pâtisserie et faire de petits ronds sur une plaque huilée.

Cuire à four doux 70°C (150°F) pendant 4 heures.

Si la meringue est encore humide à l'intérieur, la laisser cuire plus longtemps afin qu'elle sèche entièrement.

Clafoutis aux pommes

pour 6 personnes

900 g (2 lb) de pommes
200 mL (¾ tasse) de crème 35%
100 mL (⅓ tasse) de lait
  3   oeufs
 40 g (2 oz) de farine
100 g (4 oz) de sucre
100 g (4 oz) de beurre
 15 mL (1 c. à soupe) de calvados

Éplucher, vider et émincer les pommes.

Faire fondre 50 g (2 oz) de beurre dans une casserole et ajouter les pommes lorsqu'il commence à grésiller.

Les faire revenir rapidement à feu vif en remuant de temps en temps, jusqu'à ce qu'elles prennent une belle couleur noisette.

Les retirer du feu et verser dans un saladier avec le sucre et le calvados; laisser tiédir.

Casser les oeufs dans un saladier, ajouter la farine, remuer le tout, puis verser le lait et la crème graduellement en remuant sans cesse.

Incorporer les pommes macérées à la pâte et bien mélanger.

Beurrer un plat à gratin avec le beurre restant, saupoudrer de sucre et verser la préparation dans le plat.

Cuire pendant 30 minutes dans un four préalablement chauffé à 230°C (450°F). Laisser refroidir avant de servir.

Coulis de framboises

500 g   (1 lb) de framboises fraîches
100 g   (4 oz) de sucre
  1   jus de citron

Nettoyer les framboises.

Les mettre dans le mélangeur avec le sucre et le jus de citron. Broyer pendant 3 ou 4 minutes.

Passer cette purée au travers du chinois étamine, pour en éliminer les petites particules de pépins.

Verser le coulis dans une saucière. Garder au réfrigérateur.

Coupelles en biscuit

110 g   (4 oz) de beurre non salé
130 g   (5 oz) de sucre
  4   blancs d'oeufs
130 g   (5 oz) de farine

Garder le beurre et les blancs d'oeufs à la température de la pièce.

Travailler le beurre en pommade dans un bol passé au préalable sous l'eau chaude. Ajouter le sucre et mélanger avec un fouet, puis incorporer, un à un, les blancs d'oeufs. Arrêter de fouetter quand la pâte est homogène.

Ajouter la farine en la versant en pluie fine. Mélanger le tout. Réserver.

Chauffer le four à 180°C (350°F).

Dans un morceau de carton, découper un cadre en forme de cercle de la grandeur d'une soucoupe.

Sur un papier ciré, placer le cadre de carton et, à l'intérieur de celui-ci, déposer 15 mL (1 c. à soupe) de pâte au centre. Étaler la pâte uniformément avec une spatule. Quand celle-ci forme un cercle, enlever délicatement le cadre.

Poser sur une plaque et mettre à cuire au four pendant 10 minutes; le centre de chaque rond doit rester clair, le bord seul est plus foncé (doré).

Dès la sortie du four, enlever les biscuits de la plaque et les placer l'un après l'autre entre deux petits bols retournés et superposés. Cette opération doit se faire rapidement pour que les biscuits ne sèchent pas avant de prendre la forme d'une coupelle.

Crème glacée à la menthe

1 L	(4 tasses) de lait
12	jaunes d'oeufs
300 g	(10 oz) de sucre
200 g	(7 oz) de menthe fraîche

Faire bouillir le lait et ajouter la menthe fraîche. Retirer du feu et laisser infuser au moins 6 heures. Mélanger les jaunes d'oeufs et le sucre; battre jusqu'à consistance d'un ruban.

Passer la préparation lait et menthe au mélangeur pour obtenir un liquide homogène.

Remettre à chauffer et ajouter les oeufs. Cuire le tout sur feu doux, en prenant soin de remuer constamment, jusqu'à ce que la sauce commence à épaissir légèrement (c'est-à-dire qu'elle nappe bien la spatule en bois).

Retirer la casserole du feu et laisser refroidir.

Vider la préparation obtenue dans une sorbetière. Mettre le contact et faire tourner pendant environ 20 à 25 minutes ou jusqu'à ce que le mélange épaississe.

Crème glacée au miel

1 L   (4 tasses) de lait
200 g   (7 oz) de miel
300 g   (10 oz) de sucre
12   jaunes d'oeufs
⅓ L   (1⅓ tasse) de crème 35%

Faire bouillir le lait et y mélanger le miel. Retirer du feu. Mélanger ensemble le sucre et les jaunes d'oeufs et battre jusqu'à consistance d'un ruban.

Ajouter cette préparation au lait et miel chauds et faire cuire sur feu doux, en prenant soin de remuer constamment, jusqu'à ce que le mélange épaississe (c'est-à-dire qu'il nappe bien la spatule).

Retirer la casserole du feu, incorporer la crème 35% et laisser refroidir. Mettre dans une sorbetière. Faire tourner pendant une vingtaine de minutes ou jusqu'à ce que le mélange épaississe.

Crème pâtissière au rhum

1 L	(4 tasses) de lait
300 g	(10 oz) de sucre
80 g	(3 oz) de farine
5	oeufs
50 mL	(¼ tasse) de rhum

Dans une casserole, mettre le lait à bouillir et ajouter le rhum. Réserver.

Mélanger dans un bol le sucre et les oeufs et battre le tout jusqu'à blanchissement de l'appareil, puis ajouter en pluie fine la farine.

Remettre le lait sur le feu et dès qu'il bout, le mélanger progressivement à l'appareil à l'aide d'un fouet métallique.

Mettre le tout dans une casserole. Porter à ébullition en remuant constamment à l'aide d'une spatule.

Au terme de la cuisson, verser la crème dans un récipient. Couvrir d'une pellicule de plastique pour éviter qu'il ne se forme une peau.

Crème renversée au caramel

pour 8 personnes

1 L	(4 tasses) de lait
6	oeufs
200 g	(7 oz) de sucre
1	gousse de vanille

Caramel

200 g	(7 oz) de sucre
60 mL	(4 c. à soupe) d'eau

Dans une sauteuse, mettre 200 g (7 oz) de sucre et l'eau. Faire fondre le sucre jusqu'au moment où il prend une couleur blond foncé. Aussitôt prêt, verser le caramel dans le fond des moules (soit 1 grand, soit 8 petits). Laisser refroidir.

Dans une sauteuse, mettre le lait à bouillir. Ajouter la gousse de vanille fendue en deux.

Dans un bol en acier, casser les oeufs et ajouter 200 g (7 oz) de sucre. A l'aide d'un petit fouet métallique, mélanger le tout. Verser le lait bouilli et continuer à mélanger. Passer la crème à l'étamine. Remplir des petits moules à soufflé de crème. Sur le fond d'un plat allant au four, mettre un morceau de papier journal de même taille que le plat. Ce papier empêche l'eau de cuisson de rejaillir dans les moules au moment de l'ébullition.

Mettre les moules dans le plat. Ajouter de l'eau bouillante à mi-hauteur des moules.

Enfourner et laisser cuire 30 à 35 minutes dans un four préchauffé à 190°C (375°F). Au terme de la cuisson retirer du four et laisser refroidir entièrement la crème avant de démouler.

Dès qu'elle est froide, démouler délicatement sur des plats ronds, en glissant la lame d'un petit couteau sur les parois intérieures des moules.

Crêpes à la mandarine

pour 4 personnes ————————————————————————————

125 g   (5 oz) de farine
250 mL   (1 tasse) de lait
1   oeuf
25 g   (1 oz) de beurre
25 g   (1 oz) de sucre
1   pincée de sel fin
35 g   (1 ¼ oz) de sucre à glacer
45 mL   (3 c. à soupe) de mandarine Napoléon

La pâte

Dans un saladier, disposer la farine. Mettre au centre le sucre, le sel fin et l'oeuf.

Mélanger le tout à l'aide d'un fouet, en incorporant petit à petit la farine pour obtenir une pâte parfaitement lisse. Ajouter le lait peu à peu en mélangeant bien. Passer à l'étamine.

Faire fondre le beurre dans une casserole et l'ajouter à la pâte. En terminant, adjoindre la mandarine Napoléon et bien mélanger. Mettre de côté.

Cuisson des crêpes

Mettre la poêle à chauffer et la graisser avec un peu d'huile.

A l'aide d'une petite louche, remuer la pâte pour bien la mélanger. La poêle étant chaude, mais sans excès, y verser un peu de pâte. Basculer légèrement la poêle dans tous les sens, pour bien répartir la pâte sur toute la surface. Ne pas laisser de trous et ne pas mettre trop de pâte, les crêpes doivent être minces.

Laisser dorer la première face. Au terme de cette première cuisson, retourner la crêpe à l'aide d'une spatule métallique. Laisser cuire la seconde face.

Disposer les crêpes, au fur et à mesure de leur cuisson, sur un plat de service, ou dresser les crêpes sur chaque assiette. Vous pouvez servir une sauce à l'orange (voir p. 125), aromatisée à la liqueur de mandarine.

Fondant de chocolat amer

pour 6 à 8 personnes ─────────────────

300 g	(10 oz) de chocolat
5	oeufs séparés
200 g	(7 oz) de beurre doux en pommade
150 g	(5 oz) de biscuits à la cuillère
50 g	(2 oz) de sucre
25 mL	(2 c. à soupe) de rhum

Sauce vanille

½ L	(2 tasses) de lait
5	jaunes d'oeufs
150 g	(5 oz) de sucre
½	gousse de vanille

Tremper les biscuits coupés en morceaux dans le rhum.

Faire fondre le chocolat et le beurre au bain-marie. Fouetter ensemble les jaunes d'oeufs et le sucre pendant quelques instants, jusqu'à blanchissement de ceux-ci. Ajouter le chocolat aux oeufs et bien mélanger. Laisser refroidir.

Monter les blancs d'oeufs en neige et les incorporer à l'appareil (oeufs et chocolat). Mélanger les biscuits à la préparation.

Chemiser un moule avec du sucre et y verser la préparation. Laisser prendre au réfrigérateur au moins 3 heures.

Sauce vanille

Faire bouillir le lait et la vanille; retirer du feu et laisser infuser pendant quelque temps.

Mélanger les jaunes d'oeufs et le sucre; blanchir ce mélange (voir plus haut). Incorporer le lait bouillant.

Remettre le tout dans une casserole sur un feu doux, tourner avec une spatule. Le mélange ne doit PAS bouillir.

Lorsqu'il nappe la spatule, arrêter immédiatement la cuisson et transvaser dans un bol. Laisser refroidir tout en remuant.

Génoise

pour 6 personnes ————————————————————

5	oeufs
150 g	(5 oz) de farine tamisée
50 g	(2 oz) de beurre fondu

Sirop

75 mL	(¼ tasse) d'eau
120 g	(4½ oz) de sucre

Faire fondre le sucre dans l'eau et retirer du feu à la première ébullition.

Placer les oeufs dans un bol et fouetter à l'aide d'un malaxeur électrique tout en incorporant le sirop encore chaud. Battre ce mélange jusqu'à blanchissement.

Cette opération étant terminée, incorporer délicatement la farine tamisée, en coupant la préparation à l'aide d'une spatule.

Verser le beurre fondu en filet et mélanger délicatement. Verser ensuite la préparation dans un moule de 20 cm de diamètre (8 à 9 pouces) beurré et fariné.

Mettre dans un four préalablement chauffé à 190°C (375°F) et faire cuire pendant 45 minutes.

Aussitôt la cuisson terminée, sortir la génoise, la démouler et la laisser refroidir.

Gratin de pamplemousses

3	pamplemousses roses
45 mL	(3 c. à soupe) de crème 35%
3	jaunes d'oeufs
90 mL	(6 c. à soupe) de sucre

Peler à vif tous les pamplemousses (c'est-à-dire en mettant à nu la chair). Prendre un petit couteau très tranchant et découper en quartiers, en suivant les fines membranes de séparation. Faire ce découpage au-dessus d'un bol pour en récupérer le jus. Sucrer les fruits avec la moitié du sucre et réserver au frais.

Dans un bol en acier, mettre les 3 jaunes d'oeufs et l'autre moitié du sucre, le jus de pamplemousse que vous avez récupéré et la crème. Mettre ce bol au bain-marie, sur le feu, et fouetter jusqu'à l'obtention d'une pâte mousseuse.

Partager les pamplemousses sur quatre assiettes, napper de cette préparation. Passer sous le gril du four très chaud quelques instants avant de servir.

Mandarines glacées

12	mandarines
200 g	(7 oz) de sucre
5	oeufs
150 g	(5 oz) de beurre fondu
250 mL	(1 tasse) de crème 35%

Couper les mandarines à ½ cm (¼ po) du sommet et réserver les chapeaux. Vider les mandarines à l'aide d'une cuillère en prenant soin de ne pas briser la peau. Réserver également les « coffres », c'est-à-dire la pelure entière.

Passer la pulpe à la moulinette, puis filtrer le jus ainsi obtenu et le réserver.

Mettre ce liquide à réduire du tiers et laisser tiédir.

Mélanger le sucre avec les oeufs, puis le beurre fondu et le jus de mandarines réduit.

Mettre dans une casserole et laisser cuire à feu doux jusqu'à épaississement de cette crème tout en remuant avec une spatule. Laisser refroidir.

Battre la crème et mélanger avec la préparation.

Garnir les mandarines du mélange et les placer dans le réfrigérateur jusqu'au moment de servir.

Marmelade d'agrumes

Cette recette, je la tiens de Lorraine. C'est ma confiture préférée le matin.

3	citrons
3	pamplemousses
6	oranges
2 kg 250 g	(4 lb 14 oz) de sucre
2 kg 250 g	(4 lb 14 oz) de sirop de maïs
4 L	(3½ pintes d'eau)

Laver les fruits, les trancher très minces et les laisser tremper 24 heures dans l'eau.

Porter à ébullition, à découvert, et laisser bouillir jusqu'à ce que l'eau soit presque toute évaporée, c'est-à-dire pendant environ 2 h 30. Il ne doit rester qu'un mélange de fruits épais.

Ajouter le sucre et le sirop de maïs. Continuer la cuisson toujours à découvert en écumant au besoin. Laisser cuire pendant une heure. Mettre à refroidir, remplir les bocaux et garder au frais.

Note : pour conserver les pots dont vous ne vous servez pas immédiatement, couvrir la marmelade d'une couche de vinaigre blanc ; aucun goût ne se remarquera lors de l'utilisation.

Mousse glacée au café

pour 6 personnes ————————————————————

150 mL   (⅔ tasse) de crème 35%
 90 mL   (6 c. à soupe) de sirop
   3   jaunes d'oeufs
 30 mL   (2 c. à soupe) de liqueur de café
 15 mL   (1 c. à soupe) de café soluble

Sirop

 80 g   (3½ oz) de sucre
 50 mL   (1¾ oz) d'eau

Faire fondre le sucre dans l'eau jusqu'à ébullition pour en obtenir un sirop. Ajouter la liqueur de café.

Mélanger ce sirop aux jaunes d'oeufs et fouetter énergiquement jusqu'à l'obtention d'un mélange blanchâtre. Réserver.

Verser le café soluble dans un bol et 30 mL (2 c. à soupe) de crème; mélanger bien le tout. Verser le reste de la crème et fouetter jusqu'à ce qu'elle devienne ferme.

Ensuite mélanger celle-ci avec les jaunes d'oeufs blanchis. Cette opération doit se faire délicatement.

Verser dans de petits moules puis mettre au congélateur pendant au moins 6 heures.

Au moment de servir, démouler dans des assiettes et accompagner de tuiles aux amandes (voir p. 153).

Oeufs à la neige à l'orange

pour 6 personnes ──────────────────────────

125 g   (5 oz) de sucre
6   oeufs entiers
500 mL (2 tasses) de lait
         le jus d'une demi-orange
30 mL   (2 c. à soupe) de liqueur d'orange
         le zeste d'une orange

Crème à l'orange

Faire bouillir le lait.

Mélanger les 6 jaunes d'oeufs avec 75 g (3 oz) de sucre à l'aide d'un fouet, jusqu'à ce que le mélange soit blanc et mousseux.

Verser peu à peu le lait bouillant sur ce mélange en tournant sans arrêt.

Mettre la crème dans une casserole et faire épaissir à feu très doux, en remuant à l'aide d'une spatule en bois. Dès qu'elle commence à épaissir (c'est-à-dire qu'elle nappe bien la spatule), retirer la casserole du feu et verser dans un récipient froid.

Ajouter le jus d'orange et la liqueur d'orange. Remuer le tout et réserver au frais.

Les blancs en neige

Monter les 6 blancs d'oeufs en neige très ferme, sucrer avec 50 g (2 oz) de sucre.

Faire cuire les blancs d'oeufs pendant 2 à 3 minutes, dans l'eau frémissante légèrement sucrée, en les détaillant en forme d'oeuf à l'aide d'une cuillère à soupe.

Retirer à l'aide d'une écumoire et disposer délicatement sur une serviette en tissu, où vous les laisserez refroidir.

Verser la crème à l'orange dans un plat creux, disposer les blancs d'oeufs et décorer avec le zeste d'orange préalablement blanchi.

Servir très frais.

Pain aux bananes

pour 6 à 8 personnes

225 g   (8 oz) de bananes pelées
225 g   (8 oz) de sucre
225 g   (8 oz) de farine
  2   oeufs
 60 mL   (2 oz) d'huile
120 mL   (4 oz) de lait
 15 g   (¾ oz) de bicarbonate de soude
            une pincée de sel

Choisir des bananes très mûres (la peau noire) pour obtenir une saveur plus prononcée, les passer au mélangeur pendant une minute avec le sucre, le bicarbonate et le sel.

Mettre dans votre bol à malaxeur, à petite vitesse, la farine et les deux oeufs l'un après l'autre. Terminer en ajoutant l'huile et le lait. Incorporer la purée de bananes. Verser la pâte dans un moule à gâteau, beurré et chemisé avec du papier ciré.

Laisser cuire deux heures et demie dans un four préchauffé à 140° C (275° F) sur la grille du milieu.

Parfait glacé à la mandarine

pour 8 personnes —————————————————————

250 mL (1 tasse) de crème 35%
185 mL (¾ tasse) de sirop
6   jaunes d'oeufs
4 mL   (1 c. à thé) de liqueur de mandarine
2   mandarines

Sirop

160 g   (5¼ oz) de sucre
100 mL (⅓ tasse) d'eau

Sauce à l'orange

½ L   (2 tasses) de jus d'orange
200 g   (7 oz) de sucre
1   zeste d'orange

Faire fondre le sucre dans l'eau jusqu'à ébullition pour obtenir un sirop. Faire tiédir.

Ajouter ensuite le sirop tiède aux jaunes d'oeufs et fouetter jusqu'à l'obtention d'un mélange blanchâtre. Mettre de côté.

Fouetter la crème jusqu'à épaississement. Mélanger la crème fouettée et les jaunes d'oeufs. Puis incorporer la liqueur de mandarine. Cette opération doit se faire délicatement.

Verser ensuite dans de petits moules, puis mettre au congélateur pendant au moins 6 heures.

Sauce à l'orange

Mettre à bouillir le jus d'orange, le sucre et le zeste de citron. Laisser réduire de moitié et mettre à refroidir.

Verser un peu de sauce à l'orange dans le fond de chaque assiette, puis poser le parfait démoulé. En terminant, décorer avec des tranches de mandarine tout autour. Servir aussitôt.

Parfait glacé aux fruits de saison

pour 8 personnes —————————————————————

6	jaunes d'oeufs
185 mL	(¾ tasse) de sirop
250 mL	(1 tasse) de crème 35%
60 mL	(4 c. à soupe) de liqueur de framboises
200 g	(7 oz) de framboises

Sirop

1,5 kg (3 lb 5 oz) de sucre
1 L   (4 tasses) d'eau

Mélanger le sucre et l'eau. Porter à ébullition et réserver.

Dans un bol mettre les jaunes d'oeufs et 185 mL (¾ tasse) de sirop encore chaud (le reste servira pour d'autres recettes). Battre énergiquement au fouet électrique jusqu'à consistance d'un ruban. Réserver.

Dans un saladier, battre la crème jusqu'à consistance épaisse. Mélanger celle-ci aux oeufs montés, ajouter la liqueur et les fruits préalablement écrasés à la fourchette.

Verser dans de petits moules. Laisser prendre au congélateur pendant 6 heures au moins.

Vous pouvez servir avec un coulis de framboises (voir p. 128).

Le Parlement

pour 6 à 8 personnes

Mousse au chocolat

3	blancs d'oeufs
20 g	(1 oz) de sucre
125 g	(5 oz) de chocolat sucré en morceaux
2	jaunes d'oeufs
75 g	(3¼ oz) de beurre

Faire fondre le chocolat au bain-marie puis, hors du feu, ajouter le beurre en fouettant, le mélange doit être en pommade. Incorporer alors les jaunes d'oeufs au mélange refroidi. Réserver.

Monter les blancs en neige en ajoutant les 20 g (1 oz) de sucre à mi-parcours. Verser le premier appareil sur les blancs montés et mélanger délicatement. Réserver.

Meringue au chocolat

5	blancs d'oeufs
150 g	(5½ oz) de sucre à glacer
35	(1⅓ oz) de cacao amer
150 g	(5½ oz) de sucre en poudre (sucre à fruits)

Mélanger le cacao en poudre avec le sucre à glacer en les passant au tamis.

Fouetter les blancs d'oeufs en neige ferme 5 minutes en incorporant à mi-parcours 20 g (1 oz) de sucre en poudre pour les soutenir.

Aussitôt les blancs montés en neige, ajouter le reste de sucre en poudre en fouettant à petite vitesse. Puis avec la spatule, incorporer rapidement le mélange cacao/sucre à glacer.

Chauffer le four à 150° C (300° F).

→

Verser la meringue dans une poche à douille de 1 cm (⅜ po) et faire 3 rectangles complets de 30 x 15 cm (11½ x 6 po) sur une feuille de papier parchemin. Ensuite, prendre une autre poche à douille de 0,3 cm (⅛ po) et, avec le reste de la meringue, faire de longues bandes étroites qui serviront à enrober le Parlement.

Faire cuire au four pendant 40 minutes mais en surveillant après 15 minutes de cuisson car la meringue en bandes étroites devra être prête.

Montage du Parlement

Poser un fond de meringue refroidi dans un plat et étendre une couche de mousse au chocolat à l'aide d'une spatule. Poser le deuxième fond et une seconde couche de mousse et terminer avec le dernier fond. Recouvrir complètement le gâteau avec le reste de la mousse. Couper ou casser les bandes étroites de meringue en petits morceaux et couvrir toutes les surfaces. Saupoudrer le dessus de sucre à glacer.

Pâte à choux

¼ L	(1 tasse) d'eau
60 g	(2½ oz) de beurre
4	oeufs entiers
125 g	(5 oz) de farine
12 g	(½ oz) de sucre
	une pincée de sel fin

Mettre dans une casserole l'eau, le beurre, le sel et le sucre. Porter à ébullition.

Dès que le beurre est fondu, ajouter en une seule fois la farine dans l'eau bouillante.

Toujours sur un feu vif, à l'aide d'une spatule en bois, travailler le mélange. Faire dessécher la pâte ainsi obtenue jusqu'au moment où la pâte se détache de la sauteuse et forme une boule bien homogène.

Retirer la sauteuse du feu et laisser refroidir 2 ou 3 minutes.

Hors du feu, ajouter les 4 oeufs, un par un, et mélanger jusqu'à ce qu'ils soient complètement absorbés.

A l'aide d'une poche à douille no 9, disposer sur une plaque de petites boules de pâte, de la grosseur d'un petit oeuf.

Mettre à cuire dans un four préchauffé à 200° C (400° F) pendant 50 minutes.

Laisser refroidir et garnir de crème.

Pâte à tarte

500 g	(1 lb) de farine tout usage
350 g	(12 oz) de beurre ramolli
2	oeufs
60 mL	(4 c. à soupe) de lait
20 g	(1 oz) de sucre

Mélanger ensemble la farine, le sucre et le beurre ramolli.

Ajouter les oeufs et le lait et mélanger de nouveau.

Rouler en boule. Réserver au réfrigérateur jusqu'au moment d'utiliser.

Tarte au citron

pour 6 personnes ─────────────────────────────

2	citrons
80 g	(3½ oz) de beurre
4	oeufs
160 g	(5¼ oz) de sucre
200 g	(7 oz) de pâte à tarte

Préchauffer le four à 190° C (375° F).

Étaler la pâte à l'aide du rouleau à pâtisserie en un cercle de 30 cm (12 po) de diamètre. Poser la pâte sur un moule à tarte. Appliquer soigneusement sur le fond et les côtés du moule. Avec une fourchette, piquer le fond de la pâte, puis couper au ras du bord du moule la pâte qui en dépasse.

Faire cuire pendant dix minutes le fond de tarte garni d'une feuille de papier ciré et de haricots secs que vous enlèverez à la sortie du four. Réserver.

Râper les deux citrons et garder le jus.

Mélanger ensemble les oeufs, le sucre, le beurre fondu, le jus de citron et les râpures.

Mettre ce mélange dans une casserole sur feu doux et laisser cuire jusqu'aux premiers bouillons.

Verser le mélange dans le fond de tarte et laisser refroidir.

Tarte chaude et crème « habitant »

pour 2 personnes

2	pommes
150 g	(5 oz) de pâte feuilletée
80 g	(3 oz) de sucre
1	petite poignée de farine
15 mL	(1 c. à soupe) de crème 35 %
15 mL	(1 c. à soupe) de crème sure

Éplucher les pommes, les couper en deux, enlever le coeur puis couper chaque moitié en trois (3). Réserver.

Fariner légèrement la table de travail. Aplatir au rouleau la pâte feuilletée pour en faire un rond de 18 cm (7 po) de diamètre. Pour ce faire, prendre une assisette à dessert, la poser sur la pâte et couper tout autour avec un couteau.

Mettre ce rond sur une plaque à pâtisserie, y disposer les quartiers de pommes en cercle pour en faire une rosace. Saupoudrer de 80 g (3 oz) de sucre.

Mettre à cuire 35 minutes dans le four préalablement chauffé à 200° C (400° F).

Servir aussitôt à la sortie du four, sur une grande assiette, accompagnée de crème « habitant » présentée séparément.

Pour la crème « habitant », mélanger la crème sure et la crème 35%.

Poires au vin rouge

pour 4 personnes ────────────────────────────

8	poires
750 mL	(3 tasses) de vin rouge
300 g	(10 oz) de sucre
1	bâton de cannelle
¼	de citron

Peler les poires en ayant soin de ne pas toucher aux tiges. Les disposer dans une casserole les unes à côté des autres. Remplir de vin, ajouter le sucre, la cannelle et le citron. Porter à ébullition pendant 15 minutes.

Retirer les poires et laisser réduire le vin de moitié. Laisser refroidir. Disposer dans des assiettes, arroser de vin et servir très froid.

Sorbets

Sirop de base pour tous les sorbets

1 L   (4 tasses) d'eau
1 kg   (2 lb) de sucre

Porter à ébullition l'eau et le sucre tout en remuant. Laisser refroidir.

Sorbet de poires fraîches

550 g   (1 lb 3 oz) de purée de poires
450 g   (1 lb) de sirop

Sorbet de framboises fraîches

550 g   (1 lb 3 oz) de purée de framboises
450 g   (1 lb) de sirop

Sorbet d'ananas frais

550 g   (1 lb 3 oz) d'ananas frais
450 g   (1 lb) de sirop

Éplucher et épépiner les poires. Éplucher l'ananas. Laver les framboises. Réduire en purée à l'aide du mélangeur.

Ajouter le sirop. Mettre à tourner dans une sorbetière pour une vingtaine de minutes.

Tuiles aux amandes

pour 4 à 8 personnes

125 g	(5 oz) d'amandes effilées
125 g	(5 oz) de sucre à glacer
45 g	(2 oz) de farine
2	blancs d'oeufs
1	jaune d'oeuf

Dans un récipient, mélanger les amandes, le sucre et la farine.

Ajouter les blancs et le jaune d'oeuf tout en remuant.

Beurrer une plaque à biscuits, faire de petits tas de la grosseur d'une cuillère à café, puis les étaler avec une fourchette. L'épaisseur doit être égale partout, afin d'obtenir une cuisson parfaite.

Enfourner à 180°C (350°F) pendant 10 minutes en surveillant la cuisson. A la sortie du four, mouler les tuiles chaudes autour du goulot d'une bouteille. Recommencer l'opération jusqu'à épuisement de la pâte. Laisser refroidir et garder dans un endroit sec.

Index

La composition de ce volume
a été réalisée par
les Ateliers de La Presse, Ltée

Achevé d'imprimer sur les presses
des lithographes
Laflamme & Charrier inc.
en avril 1984
Imprimé au CANADA